VALTER ROMANI

STRATEGIE DI MARKETING NON CONVENZIONALE

Come Imprimere in Maniera Indelebile nella Mente dei Tuoi Clienti il Tuo Brand e i Tuoi Prodotti

Titolo

"STRATEGIE DI MARKETING NON CONVENZIONALE"

Autore

Valter Romani

Editore

Bruno Editore

Sito internet

http://www.brunoeditore.it

Sommario

Introduzione

Eccomi di nuovo qui a parlare di marketing. Nel mio ultimo corso sul tema avevo affrontato il marketing relazionale in quanto il mio obiettivo era fornire un mezzo tramite il quale far crescere la propria attività in modo "economico".

Lo scopo di questo corso rimane lo stesso, per quanto la materia sia in questo caso più vasta. Parlare di marketing non convenzionale, infatti, non è altrettanto facile per il semplice motivo che per sua stessa definizione non stiamo descrivendo un fenomeno in termini di ciò che è, ma piuttosto in termini di ciò che non è. Infatti, potremmo dire che in fondo è *marketing non convenzionale* qualsiasi forma che non si rifaccia ai canoni tradizionali del marketing come lo hanno per decenni descritto grandi studiosi come Kotler, Winer, Pride e Ferrel.

Il mio intento sarà quindi portarti a conoscere in primo luogo le differenze tra ciò che è tradizionale e ciò che non lo è. Poi passerò a parlarti di quelle che sono le espressioni più importanti di queste nuove forme di marketing e le relative caratteristiche fondamentali. Il mio scopo sarà aiutarti a individuare dei meta-modelli che ti aiutino a comprendere gli elementi essenziali che compongono le varie proposte di marketing non convenzionale. Sarà un po' come capire quali sono gli elementi chimici di base che compongono la formula di una molecola complessa.

Infine cercherò di offrirti gli stimoli per ripensare in modo creativo la comunicazione della tua impresa, allo scopo di imprimere in maniera indelebile nella mente dei tuoi clienti il tuo brand e i tuoi prodotti.

Buona lettura!
Valter Romani

CAPITOLO 1:
Come nasce il marketing non convenzionale

Come ho detto nell'Introduzione, non è impresa facile descrivere qualcosa in termini di ciò che non è. Se poi aggiungiamo il fatto che sotto il termine "non convenzionale" vengono raggruppati una miriade di fenomeni diversi e spesso di natura eterogenea, il tentativo di comprensione si complica ulteriormente.

In questo capitolo voglio farti fare un rapido viaggio attraverso l'evoluzione del marketing, dalla sua nascita fino a quelle che sono le nuove forme in cui si è evoluto. Ci servirà in seguito per rispondere ad alcune domande:

- alcuni dicono che il marketing tradizionale è tramontato. È proprio così?
- quali nuove necessità hanno dato vita al nascere delle nuove forme di marketing cosiddette non convenzionali?
- cosa distingue il marketing tradizionale da quello non convenzionale?

- in che modo si può cercare di utilizzare queste conoscenze per promuovere la propria attività?

Tradizione VS innovazione

L'evoluzione della conoscenza è stata da sempre caratterizzata da uno scontro che ciclicamente si ripresenta tra tradizione e innovazione. Ogni volta che un filosofo o uno scienziato crea una nuova teoria, si trova a essere contrastato da tutti quegli studiosi che, immedesimandosi nella tradizione, difendono a spada tratta la conoscenza consolidata contro ogni "attacco" proveniente dalle nuove teorie.

Ma c'è chi dice che il progresso non si può arrestare. Ne consegue che quando le teorie diventano vecchie e vengono superate da altre più evolute, queste alla fine hanno la meglio. Con il passare del tempo quindi le vecchie teorie vengono dimenticate, quelle nuove si consolidano assurgendo al ruolo di "tradizione", la massa degli studiosi le accetta come il fondamento della scienza e da quel momento comincerà a osteggiare la proposta di nuove teorie.

SEGRETO n. 1: se vuoi percorrere con successo il cammino della conoscenza, non credere mai di essere arrivato alla verità e quando qualcuno la pensa diversamente da te, ascoltalo con attenzione perché in quello che dice potrebbe esserci del vero.

Anche nella pur giovane storia del marketing si assiste a un fenomeno simile. Ma partiamo dall'inizio.

Il marketing tradizionale: le fasi storiche

Per comprendere appieno le motivazioni alla base del tramonto del marketing tradizionale è certamente utile mettere a fuoco il tema attraverso qualche elemento definitore e ripercorrere le fasi storiche attraverso cui questo si è evoluto.

Secondo Kotler il marketing, nella sua accezione più ampia, trarrebbe origine dal fatto che gli uomini hanno bisogni e desideri. In tal senso si può collegare il suo sviluppo a quello dell'uomo. Potremmo allora dire che il marketing, nella pratica, nasce già ai primi del Novecento, quando il forte sviluppo economico inizia a creare problemi di produzione e distribuzione alle imprese.

Tuttavia come disciplina di studio nasce più tardi negli Stati Uniti d'America del periodo postbellico (1945-1965), dalle intuizioni pratiche di alcuni imprenditori costretti a migliorare la gestione aziendale, allo scopo di riuscire ad affrontare condizioni di mercato sempre più competitive. Il fautore della razionalizzazione accademica della materia è Philip Kotler che, grazie alle sue opere fondanti, istituzionalizzava la materia già nella prima metà del Novecento.

Kotler ne dà la seguente definizione: «Il marketing consiste nell'analizzare, organizzare, pianificare e controllare le risorse, le politiche, le attività dell'azienda, in modo tale da soddisfare le esigenze e le necessità di determinati clienti, conseguendo un profitto». Secondo questa definizione la soddisfazione del cliente è centrale e tutte le attività aziendali, integrate tra loro, devono perseguire questo stesso fine.

Con l'evoluzione del marketing si è evoluto anche il modo di definirlo, per questo motivo non mi dilungherò a dare definizioni e classificazioni. Preferisco che tu comprenda quanto è strettamente necessario per capire il legame tra l'evoluzione del mercato e la società. Solo così puoi capire perché le nuove forme di marketing cercano costantemente nuove vie per arrivare a comunicare efficacemente con il cliente.

Quando si parla di marketing tradizionale si dà per scontato che, partendo dai dati che fornisce il mercato e dal know-how maturato dall'azienda, non esiste un unico modo di approcciare a un problema di marketing. Ogni azienda dispone infatti di una serie di "leve" che vanno dalla qualità del prodotto, al suo prezzo, al sistema di distribuzione e alla relativa comunicazione pubblicitaria, che le possono permettere di arrivare comunque a uno stesso livello di successo utilizzando strategie differenti.

In tal caso si usa dire che l'azienda sta definendo il "marketing mix" del prodotto. In linea di principio considereremo che ogni azienda, nell'ottica di perseguire il suo profitto, esaminerà in primo luogo le opportunità che il mercato le offre analizzando le attuali esigenze dei consumatori e prevedendo ove possibile quelle future. Successivamente deciderà su quali segmenti di mercato intenderà focalizzarsi e quanto vorrà essere competitiva riguardo ai prezzi. A questo punto sceglierà i canali di distribuzione e darà via alle campagne di comunicazione che avranno come primo obiettivo quello di far conoscere ai potenziali compratori l'esistenza del prodotto, e come secondo quello di persuaderli ad acquistarlo.

Ma quali sono gli stadi attraverso i quali il marketing si è evoluto fino alle sue forme post-moderne? Kotler propone a tal proposito un modello che distingue quattro fasi:

- orientamento alla produzione;
- orientamento alle vendite;
- orientamento al mercato;
- orientamento al cliente.

È utile tuttavia individuare una fase precedente a queste, che possiamo chiamare **pre-industriale**, relativa a un primo stadio dell'evoluzione del commercio in cui il mercato è prevalentemente artigianale e/o agricolo e pilotato dalla domanda. Essendo questa limitata, l'obiettivo è produrre quello che viene richiesto dal compratore. In questa fase non si può parlare di marketing vero e proprio, in quanto l'unica attenzione verso il cliente è legata ad aspetti semplici (consegna e/o installazione).

Intorno agli anni '20 in America prende avvio la produzione di massa (**fase dell'orientamento alla produzione**). L'arrivo dell'industrializzazione permette di utilizzare manodopera non specializzata creando lavoro, accentramento urbano, benessere economico, aumento dei consumi e di conseguenza... altro lavoro e altro benessere economico secondo un circuito virtuoso che alimenta la capacità d'acquisto.

Il mercato in quel momento è vergine: tutti hanno bisogno praticamente di tutto e la domanda predomina sull'offerta. Sono le imprese a determinare cosa produrre e con quali caratteristiche, sulla base di scelte prevalentemente tecniche ed economiche. L'obiettivo primario è aumentare i volumi riducendo i costi. Le imprese non sentono alcun bisogno di ascoltare le esigenze del cliente. Per questo motivo il marketing in questa fase viene definito **passivo**.

Questo fenomeno negli Stati Uniti si arresterà con la crisi del '29. In Europa invece la produzione di massa partirà solo nel secondo dopoguerra, in quanto negli anni '20 l'Europa usciva dalla prima guerra mondiale e l'economia faticava a decollare rispetto a quella statunitense. Tuttavia lo stop economico degli anni '30 in America aveva dato avvio a un processo evolutivo del marketing. La crisi, infatti, aveva generato saturazione del mercato e indebolimento della domanda, cosa che rese il ruolo delle vendite critico e fondamentale (**fase dell'orientamento alle vendite**). Si richiedevano nuove strategie commerciali per far sì che i produttori fossero in grado di strappare quote di mercato alla concorrenza. In questo periodo si era propensi a credere che si potesse indurre il cliente ad acquistare un determinato prodotto se stimolato e persuaso efficacemente dall'organizzazione di vendita.

L'obiettivo ora diventava vendere e la produzione passava in secondo piano. Le imprese cominciavano a sviluppare tecniche più aggressive per conquistare i loro mercati, giocando sui prezzi e promuovendo le loro merci. Si fece così largo il teorema secondo il quale: **maggiore investimento in promozioni = maggiori vendite**. Aumentava l'operatività del marketing che da passivo diventava più operativo. Ora il suo compito principale era cercare nuovi sbocchi commerciali.

Tuttavia ci si accorge presto che tale formula non sempre funziona. Questa legge, infatti, si dimostra insufficiente quando il prodotto è sbagliato o il cliente si rende conto di non avere un reale bisogno del prodotto.

Il marketing sposta allora la sua attenzione sul consumatore e le imprese che operano in questa direzione, prendendo il nome di *marketing oriented* (**fase dell'orientamento al mercato**). Questa nuova filosofia, oltre ad affermare la necessità di concentrare tutte le attenzioni dell'azienda sulle necessità del cliente e sulla sua soddisfazione, asserisce che tutto il ciclo di vita del prodotto deve sottostare alle esigenze dettate dal marketing. Esso quindi si evolve ponendo il suo obiettivo nell'identificazione di nuovi segmenti di mercato dei quali individuare e anticipare i bisogni, in modo da permettere l'adeguamento dell'offerta e una produzione di massa orientata alla soddisfazione di quei particolari segmenti.

Il prodotto deve essere concepito sulla base delle necessità del mercato (praticità, funzionalità, economicità ecc.) e deve essere prodotto nel rispetto dei valori dichiarati dall'azienda allo scopo di soddisfare quelli condivisi con l'utente. Si passa dalla politica del proporre ciò che è stato concepito e prodotto dall'azienda a quella in cui si cerca di comprendere cosa vuole il cliente, allo scopo di produrlo e collocarlo in maniera vincente sul mercato. Ciò vuol dire tentare di produrre il miglior prodotto per un certo segmento di mercato col miglior rapporto qualità/prezzo, comunicarne l'esistenza al cliente, promuoverlo in maniera efficace, venderlo e distribuirlo.

In una situazione di eccesso di offerta la competizione tra le imprese, avente lo scopo di accaparrarsi maggiori quote di mercato, diventa tale da indurre le stesse a non limitarsi più solo a studiare il mercato. Queste cominciano così a studiare la concorrenza e assistiamo all'evoluzione dall'impresa marketing oriented verso l'impresa *competition oriented.* Potrebbe essere utile allora aggiungere alla classificazione di Kotler una **fase di orientamento alla competizione**.

Lo studio del mercato segmentato e la competizione per l'accaparramento del cliente sposta sempre più la focalizzazione del marketing verso quest'ultimo. A questo punto l'obiettivo non è più vendere, ma aiutare il cliente a comprare (**fase di**

orientamento al cliente) e curare il suo livello di soddisfazione. Non più spingere il prodotto verso il cliente (filosofia push), ma tirare questo verso il prodotto e verso l'azienda (filosofia pull). Diventa allora necessario comprendere sempre più a fondo i bisogni del singolo acquirente.

La produzione di massa si sposta quindi verso forme più evolute come la **personalizzazione di massa**. Le case automobilistiche, ad esempio, pur disponendo di un numero limitato di modelli, permettono al cliente di personalizzare la sua richiesta grazie a un'infinità di combinazioni di colori, configurazioni e accessori. Il marketing strategico assume il compito di guidare e orientare la produzione al fine di ottimizzare la redditività economica del prodotto.

Una più recente evoluzione del marketing tradizionale è quella che sfocia nel **market-driven management**: esso nasce dalla constatazione che l'ambiente di riferimento in cui opera l'impresa muta continuamente. È necessario quindi che tutte le funzioni aziendali tengano conto non solo dei clienti ma anche di tutti gli altri stakeholder che costituiscono l'ambiente di riferimento e che possono influenzare le decisioni di acquisto. Alla base di questo approccio si pone il coordinamento interfunzionale: ogni settore dell'impresa diventa cliente di altri settori e a sua volta rifornisce altri clienti inter-aziendali. Questa catena finisce con l'acquirente finale dell'azienda. Il market-driven management, ripercorrendo a ritroso il percorso, partendo dalle esigenze del cliente finale e adeguando le sue strutture interne, realizza una struttura funzionale dell'azienda che si adatta costantemente alle mutate richieste del mercato.

Il cliente non si identifica più solo con il prodotto ma tiene sempre più in considerazione il brand, l'immagine di marca. Il nuovo concetto di prodotto/brand non si riduce più soltanto all'oggetto unito alla sua funzionalità. A questo si vengono ad aggiungere valori identificativi che tentano di intercettare la sfera valoriale dell'individuo.

Un'evoluzione dell'orientamento al cliente l'abbiamo con la riscoperta del valore della relazione con questo (**fase di orientamento alla relazione**). Nasce il marketing relazionale, focalizzato a conquistare il cliente e a mantenerlo nel tempo attraverso la gestione efficace di una relazione personale con lo stesso. L'uso intensivo dei DBMS (*database management system*) permette di tenere traccia di un'infinità di informazioni che riguardano il cliente e che permettono di mantenere con questi una relazione praticamente di tipo *one to one.*

Si passa così da un processo di vendita di tipo transazionale a uno relazionale. Questo permette conseguentemente all'azienda di passare da una logica di offerta segmentata a una sempre più personalizzata, capace di riconoscere e soddisfare i bisogni più reconditi del cliente. Il marketing relazionale si trova quindi a poter conquistare un ruolo importante. Può essere l'elemento che permette di fare la differenza, di creare quel vantaggio competitivo sulla concorrenza, capace magari di giustificare quel **premium price** che il cliente è disposto a pagare in più per avere il nostro prodotto rispetto a un altro.

Con il relational marketing, il database marketing, il one-to-one marketing e forme simili entriamo in ambiti che per alcuni vengono già definiti non-convenzionali. Se torniamo a considerare un attimo l'ultima fase evolutiva che ha avviato il declino del marketing tradizionale, le cui origini possiamo individuare verso gli anni Ottanta, vediamo che in quel periodo una serie di importanti mutamenti politico-economico-sociali da un lato e di sviluppo tecnologico dall'altro, hanno dato avvio a quel fenomeno, per certi versi inarrestabile, che è la globalizzazione.

Dal punto di vista tecnologico la nascita di Internet e la capillare diffusione del computer, che da strumento di lavoro è diventato anche strumento di intrattenimento e di interazione, hanno favorito la nascita di nuovi spazi di incontro virtuali e il conseguente incremento delle potenzialità comunicative dell'individuo.

Dal punto di vista socio-culturale il risveglio nella coscienza di nuove esigenze, quali una crescita sostenibile e rispettosa dell'ambiente, il voler prendere parte attiva al processo evolutivo della società e il cambiamento della percezione delle distanze sia fisiche che culturali, hanno dato luogo a una rielaborazione degli assunti concettuali dell'individuo e al tramonto delle grandi narrazioni ideologiche del passato.

Nel momento in cui il marketing sembrava aver definitivamente dettato le regole di funzionamento del mercato, in cui credeva di aver acquisito la conoscenza delle dinamiche che spingevano i consumatori all'acquisto e quindi di poterne anticipare e controllare le scelte, veniva a cambiare drasticamente il contesto di riferimento su cui si basavano le teorie che nel tempo erano giunte a rappresentare la tradizione.

Per carpire l'interesse del cliente post-moderno il marketing aveva bisogno di riformulare un nuovo linguaggio, dei nuovi strumenti attraverso i quali attirare più efficacemente la sua attenzione e superare le sue resistenze. Ciò non poteva che ottenersi attraverso il superamento delle convenzioni alla base del marketing tradizionale. Sono seguite quindi una miriade di proposte "non-convenzionali", ognuna delle quali ha tentato di rompere uno o più degli schemi precedenti. Nel seguito cercherò di fornire degli esempi.

Dal marketing al societing

Stephen R. Covey nel suo libro *I sette pilastri del successo* focalizza la sua attenzione sul fatto che l'uomo nel percorso evolutivo della sua vita attraversa tre fasi di crescita sociale. La prima è quella relativa all'infanzia, caratterizzata dalla **dipendenza** dagli altri: siamo nel paradigma del TU, necessario per rivolgersi alla mamma, all'insegnante, all'amico per avere aiuto.

Segue la fase relativa all'**indipendenza**, caratterizzata dalla necessità di autoaffermazione in famiglia così come nella società: siamo nel paradigma dell'IO, necessario per mettere in evidenza la propria presenza.

Una volta soddisfatta la necessità di sentirsi riconosciuti come individui si entra nella terza fase, quella della cosiddetta **interdipendenza**. Alcune persone non arrivano mai all'interdipendenza perché la confondono con la dipendenza e la ritengono quindi equivalente a una perdita di indipendenza. Sviluppando l'interdipendenza ci si rende finalmente conto che l'unione fa la forza e che insieme si riesce ad arrivare più lontano: è il paradigma del NOI che, messo davanti ai molteplici IO delle individualità che compongono un team, permette di puntare a obiettivi più grandi di quelli raggiungibili dal singolo individuo.

Se proviamo a effettuare un parallelo e ad analizzare quella che è stata l'evoluzione sociale dell'uomo nella sua appartenenza alla massa in questi ultimi due secoli, vediamo che si è passati da una fase in cui pochi uomini, l'aristocrazia prima e la ricca borghesia dopo, avevano il potere e la massa viveva in una condizione di necessità basata sul paradigma del TU.

Con la lotta di classe, la massa è diventata consapevole della sua forza numerica (paradigma dell'IO per la massa) ed è riuscita a raggiungere delle conquiste sociali che l'hanno resa capace di attribuire all'individuo una rilevanza prima impensabile dal punto di vista sociale. È in questa fase storica in cui la parabola modernista tocca il suo apice, in un periodo cioè in cui l'individuo afferma la sua libertà e prevalgono individualismo e razionalismo, che nasce il marketing come materia di studio con la formulazione delle teorie che oggi chiamiamo marketing tradizionale. Nella seconda metà del ventesimo secolo la nascita della Comunità Europea ha rappresentato un esempio importante di paradigma del NOI. La necessità di un confronto tra culture relative a stati diversi anche se spesso confinanti (ad esempio Francia e Germania), nell'intento di trovare punti di incontro che eliminassero i dissidi che avevano generato i conflitti mondiali, è stata la leva che ha portato a cedere qualcosa di proprio in termini di sovranità nell'intento di ottenere qualcosa di più grande: la pace.

Nei paesi della Comunità Europea a uno spostamento di focalizzazione di tipo centrifugo, da nazionale a comunitario, ne è corrisposto un altro in senso opposto: infatti, i trattati comunitari (1992, Maastricht: principio di sussidiarietà) hanno sancito la necessità di spostare il potere amministrativo verso i cittadini, dallo Stato verso le regioni, le province e i comuni. Da questi grandi cambiamenti non può che scaturire una prima causa di sradicamento dei punti di riferimento dell'individuo.

Il succedersi poi di altri importanti eventi, quali la caduta del muro di Berlino, il fenomeno della globalizzazione, il boom economico di paesi come la Cina, l'India, la Russia e il Brasile, hanno portato masse di individui appartenenti a culture diverse a confrontarsi ancora di più. Anche in questo caso il tentativo è stato ed è quello di superare le tendenze egemoniche (anche se solo commerciali) dell'uno sull'altro, nella direzione del confronto sinergico che deve essere ormai volto al miglioramento del benessere globale a vantaggio di tutti e non a scapito di alcuni.

Un'ulteriore causa di confronto culturale nasce dal maggior numero di contatti con persone di cultura diversa, originato dall'enorme movimento migratorio verificatosi dalle nazioni più povere a quelle più ricche del mondo negli ultimi decenni. L'individuo che prima conosceva solo una cultura, cioè la sua, si ritrova spesso disorientato di fronte a una così grande varietà.

Siamo quindi giunti nell'era della postmodernità, in cui l'individuo si ritrova ad aver bisogno di nuovi punti di riferimento. Torna quindi a prevalere la logica dell'appartenenza, la ricerca di nuovi simboli in cui identificarsi e la conseguente necessità di condividerli con persone da ritenere simili. Una ricerca che un tempo si risolveva nel campanilismo, in quanto l'entità geografica coincideva anche con l'identità culturale e che oggi non può trovare analoga soluzione vista la commistione culturale che si è venuta a realizzare a livello geografico.

In quest'era, caratterizzata da una sorta di involuzione che vede il ritorno dal disincanto razionale al reincanto emotivo, il brand può diventare spunto di aggregazione di community, un ottimo surrogato simbolico e valoriale per l'individuo in cerca di nuovi punti di riferimento, nonché spunto di aggregazione di community. I membri di queste non si incontrano più in luoghi fisici ma in piazze virtuali quali i social network, i forum o i blog.

L'identificazione in comunità, la cui staticità un tempo era anche sinonimo di coerenza, diventa oggi un concetto dinamico. Ovunque si venga a creare un'idea condivisa, lì e in quel momento può nascere una comunità. Nel momento in cui quell'idea diventa non più rilevante o non più attuale, la relativa comunità si disgrega. Un individuo quindi può costantemente appartenere a più comunità ed entrarne e uscirne senza necessariamente sentirsi incoerente. La coerenza passa dall'essere questione di idee all'essere questione di principi e valori.

SEGRETO n. 2: se vuoi avere successo con i tuoi clienti ricorda che la coerenza non è questione di idee, quelle possono cambiare; è una questione di valori e di principi.

Come detto quindi la post-modernità è caratterizzata da una serie di trasformazioni emblematiche di un cambiamento epocale. L'impresa, nell'intento di continuare a perseguire il successo, comprende che non basta più studiare il mercato, segmentarlo o cercare di capire i bisogni del singolo consumatore in quanto tale.

Diventa essenziale comprendere le aspirazioni dell'individuo come componente della società in cui è immerso e dei gruppi in cui questi si identifica in quel momento. Le sue esigenze in quanto consumatore rappresentano solo una sfaccettatura del suo modo di essere individuo, come in un diamante, inscindibile dalle altre sue facce. Per questo si comincia a parlare di *societing* come di quella disciplina che studia questo insieme di aspetti secondo un approccio olistico.

Il nuovo mercato è parte della società stessa, per questo il societing si focalizza sui cambiamenti della società postmoderna, sui nuovi significati simbolici dei beni di consumo che non si limitano più ad aspetti meramente prestazionali. Il consumatore, non più subalterno nel processo di acquisizione dei beni che ritiene necessari, diventa sempre più elemento consapevole, centrale e selettivo. Neologismi come *prosumer*, dato dalla fusione di *producer* e *consumer*, fanno intendere il mutato ruolo del consumatore, ora entrato a far parte a pieno titolo del processo produttivo. Come nell'antichità il mercato paesano era luogo di socializzazione, ora il mercato nella sua accezione più ampia torna a essere tale: diventa luogo di relazione.

La domanda si frammenta in tante nicchie a loro volta formate da singoli individui. L'impresa si viene così a intrecciare con il tessuto sociale e nasce per questa una nuova forma di responsabilità legata al rispetto di valori etici propri dell'individuo, dando il definitivo addio alle precedenti logiche del tipo "mordi e fuggi".

In tutto ciò Internet ha contribuito a velocizzare l'evoluzione verso la società post-moderna, rendendo obsolete le vecchie concezioni alla base del marketing tradizionale e creando l'humus ideale per lo sviluppo di nuove forme non convenzionali.

Dal punto di vista evolutivo della produzione invece si è assistito al confronto principalmente tra due approcci. Il primo, il *re-*

engineering, di origine occidentale, si basa sul riprogettare, riformulando da capo i progetti che si intendono migliorare. Il secondo, cosiddetto *kaizèn*, è un approccio considerato orientale in quanto, anche se ha avuto origine da studi americani, ha trovato un fertile terreno di sviluppo in Giappone (prende anche il nome di Toyotismo, dall'azienda che l'ha implementato con maggior successo). Si tratta della filosofia del miglioramento continuo.

Anche il marketing, trovandosi di fronte ai cambiamenti introdotti dalla postmodernità e di fronte alla necessità di rivedere le vecchie strategie, ha dovuto scegliere tra due strade. A parte qualche tentativo di miglioramento e riadattamento del tradizionale al nuovo contesto, approccio tendenzialmente fallito, si è assistito a un vero e proprio re-engineering del marketing, cioè a formulazioni di nuovi modelli basati sul concetto di co-creazione in cui il consumatore è diventato egli stesso creatore di valore (o prosumer) e influenza radicalmente l'offerta: questi contribuisce all'ideazione di nuovi prodotti, all'innovazione degli stessi e del loro uso e all'elaborazione di nuovi significati e finalità.

In conseguenza di quanto detto il linguaggio del marketing si è evoluto considerevolmente. Il vocabolario venutosi a sviluppare è significativo dei cambiamenti visti e introduce nuovi termini e significati. Ne sono un esempio parole come *virale*, *tribal*, *WOM*, *guerrilla*, *ambient advertising* ecc., termini che trascendono oggi la portata meramente tecnica e che pervadono invece il linguaggio di chiunque approcci al web o in generale al mondo della comunicazione.

Di conseguenza è cambiato notevolmente anche il modo delle imprese di investire in comunicazione. Per diventare brand globale un tempo ci si affidava al sistema di comunicazione industriale-televisivo attraverso investimenti alla portata di pochi. Oggi chi riesce a impadronirsi dei fondamenti della viralità può ottenere visibilità globale con scarsi mezzi e in poco tempo.

SEGRETO n. 3: la pubblicità o advertising per avere successo deve essere in grado di carpire l'attenzione, di stupire e di intrattenere.

Nasce l'*advertainment* (*advertising*, pubblicità + *entertainment*, intrattenimento), con l'obiettivo di intrattenere ma soprattutto di stimolare la conversazione, il passaparola (WOM: *word of mouth*) e quindi la diffusione del messaggio.

Il broadcasting, cioè la comunicazione emessa verso una massa indifferenziata, viene sostituita man mano dal *narrowcasting*, cioè da una comunicazione che si rivolge a gruppi di persone (tribù) più precisamente identificate. La comunicazione sui mezzi di comunicazione di massa tradizionali è sostituita dal *media hunting*, in cui qualsiasi cosa può diventare veicolo della comunicazione e dove i mass media vengono sostituiti dai *mini-media*.

Se un tempo erano centrali il mercato e i consumatori, oggi lo sono tutti gli stakeholder dell'azienda: oltre ai consumatori, anche i fornitori, i concorrenti, le istituzioni possono offrire spunti di innovazione e di sviluppo. In questo contesto di mutamento e di salti di paradigma è il termine **societing** che forse meglio di tutti può riassumere la direzione presa dal cambiamento.

SEGRETO n. 4: il mercato si confonde con la società, quindi l'impresa deve osservarne i mutamenti e adattarvisi nell'intento di soddisfare non più solo il consumatore ma tutti gli elementi che la costituiscono.

Il focus della nostra analisi non sarà quindi il market ma la società nel suo complesso, costituita oggi da soggetti attori capaci di influenzare un linguaggio che si evolve a una velocità che è strettamente legata alla mutazione dei mezzi stessi che lo veicolano. Infatti, da un po' di tempo ormai non si parla più di Internet come di una realtà virtuale e quindi come di qualcosa di esterno alla realtà "reale". Con l'avvento del web 2.0 si preferisce pensare a quella di oggi come a una "realtà allargata" da una sorta di "protesi sensoriale", Internet appunto, che estende le nostre normali capacità comunicative.

Il declino del marketing tradizionale

Nel momento in cui il marketing tradizionale ha iniziato il suo declino, si sono affacciate sulla scena una vasta serie di nuove proposizioni sostenute da vari "innovatori" che hanno delineato teorie e modelli in taluni casi originali, in altri meno.

Quando in un contesto in rapida evoluzione come quello che stiamo esaminando si affacciano tante nuove proposte, tra di loro a volte apparentemente contrastanti, si rischia di disorientare tutti coloro che di quei modelli hanno bisogno come strumenti del proprio lavoro.

Il termine "panacea", da molti usato per indicare i nuovi modelli di marketing presentati da questi nuovi studiosi, vuole in qualche modo essere indicativo del senso critico con cui viene affrontato il modo di proporsi in veste di guru di alcuni di questi nuovi pensatori.

I tanti tentativi, rappresentati da queste cosiddette panacee, da un lato sono rappresentativi di una società, quella postmoderna, in cui ognuno ha voglia di distinguersi come propositore di qualcosa di nuovo, di unico. La voglia di distinguersi che si ha dal lato di chi propone coincide in qualche modo con la stessa voglia che si è venuta a creare dal lato del consumatore, sempre meno desideroso di far parte di una massa indistinta e alla ricerca costante di identificarsi in un gruppo più ristretto di persone che sente simili. Questa è probabilmente la stessa causa che ha portato alla micro parcellizzazione del mercato, che oggi si ritiene formato da tante micro-comunità (le tribù) alle quali le aziende che intendono vendere i loro prodotti prestano la massima attenzione.

Dal lato di chi propone nuove idee, il tentativo è quello di stupire un consumatore ormai abituato a vivere immerso in un'infinità di messaggi che dicono qualunque cosa. Questi, dal canto suo, ormai consapevole del suo ruolo attivo, ha a disposizione oggi gli strumenti che lo possono mettere in grado di influenzare un processo di generazione che prima lo vedeva invece elemento passivo. Diventa così insieme all'impresa co-generatore, co-creatore.

Nello studio e nell'analisi di questa vasta offerta di modelli, mi sono posto nei panni del discepolo ignorante valutando le idee, tentando di evitare gli inevitabili preconcetti e soprattutto cercando di non farmi influenzare dalla forza di vendita di chi le propone, impresa non facile sapendo quanto sono influenzabili le nostre menti. Del resto ha poca importanza quanto a me piaccia o meno un certo modello, in quanto nel mercato io conto per uno, e sono convinto che, alla fine, vince chi riesce ad avere un folto seguito, chi riesce a fare tendenza o, come si dice, a creare il trend: il cosiddetto *trend maker*.

Come vedrai nei prossimi capitoli, il mio obiettivo in questo corso è individuare, all'interno di questa miriade di proposte, dei meta-modelli, delle formule ricorrenti, nelle quali in un modo o nell'altro si possano riconoscere, e alle quali si possano ricondurre quelli che definiremo i caratteri essenziali della non convenzionalità. In questo modo ogni volta che approccerai a un modello di marketing non convenzionale che non conosci, studiandolo potrai individuare in esso le componenti essenziali che ne caratterizzano i meta-modelli principali e valutarlo così più criticamente.

SEGRETO n. 5: se vuoi avere successo in questo ambito così ricco di creatività abbi sempre l'umiltà di ammettere che ciò che funziona non si discute.

RIEPILOGO DEL CAPITOLO 1:

- SEGRETO n. 1: Se vuoi percorrere con successo il cammino della conoscenza, non credere mai di essere arrivato alla verità e quando qualcuno la pensa diversamente da te, ascoltalo con attenzione perché in quello che dice potrebbe esserci del vero.
- SEGRETO n. 2: Se vuoi avere successo con i tuoi clienti ricorda che la coerenza non è questione di idee, quelle possono cambiare; è una questione di valori e di principi.
- SEGRETO n. 3: La pubblicità o advertising per avere successo deve essere in grado di carpire l'attenzione, di stupire e di intrattenere.
- SEGRETO n. 4: Il mercato si confonde con la società, quindi l'impresa deve osservarne i mutamenti e adattarvisi nell'intento di soddisfare non più solo il consumatore ma tutti gli elementi che la costituiscono.
- SEGRETO n. 5: Se vuoi avere successo in questo ambito così ricco di creatività abbi sempre l'umiltà di ammettere che ciò che funziona non si discute.

CAPITOLO 2:
Distonia VS empatia: il principio della risonanza

In questo capitolo cercherò di farti comprendere quale sia a mio avviso un primo motivo del tramonto del marketing tradizionale a vantaggio dell'emergere delle nuove forme non convenzionali.

Come ribadirò meglio nel seguito, non si tratta di una questione meramente economica. Se è vero infatti che le nuove forme di marketing si sono messe in evidenza per la loro capacità di suscitare molto interesse nel pubblico a fronte di investimenti limitati rispetto a quelli necessari con i mezzi tradizionali, ci sono motivi più forti alla base di questo mutamento generazionale. Uno di questi è la riscoperta del valore dell'empatia nella comunicazione pubblicitaria, non tanto dal punto di vista del messaggio in sé quanto per la forma di erogazione.

In un interessante articolo sulla rivista *The Idler*, Samuel Johnson asserisce: «Tutto ciò che è comune è disprezzato. Gli annunci pubblicitari sono oggi così numerosi, da essere letti con molta negligenza, ed è perciò divenuto necessario conquistare l'attenzione con magnificenza di promesse, con eloquenza talvolta sublime e talvolta patetica». Questo trafiletto potrebbe sembrare attuale nei contenuti e un diretto riferimento ai primi cedimenti del marketing tradizionale, se non fosse che fu pubblicato il 20 gennaio 1759. Come dire che attirare l'attenzione del consumatore non è mai stata impresa facile per le imprese.

La resistenza sviluppata dal consumatore nei confronti della pubblicità di cui Johnson parla nel suo articolo è sicuramente frutto del fatto che il nostro cervello tende automaticamente a eliminare dalla sua attenzione conscia ciò che è costantemente presente davanti ai nostri sensi per lungo tempo. Così come vi sarà capitato di notare che in contesti in cui è presente un rumore persistente e magari anche fastidioso dopo un po' tendiamo a non percepire più quel rumore, come se il nostro cervello lo avesse selettivamente annullato.

Analogamente, quando percorriamo una strada con tanti cartelli pubblicitari, dopo un po' di volte non facciamo più caso ai vecchi poster, mentre la nostra attenzione viene immediatamente catturata se uno di questi viene sostituito con immagini nuove. È come se sulla carta da parati di casa nostra comparisse improvvisamente una macchia.

SEGRETO n. 6: ciò che è nuovo salta subito alla nostra attenzione, il resto rimane... carta da parati.

Il nostro cervello è programmato per percepire i cambiamenti di contesto così come è allenato a mascherare ciò che invece è fisso nel tempo. È una capacità sicuramente sviluppata dall'uomo primordiale che per una questione di sopravvivenza doveva essere pronto a reagire a eventuali presenze di predatori nell'ambiente in cui viveva.

Se tuttavia pensiamo ai primi esordi della pubblicità nel 1700 non ci è difficile pensare a quello di allora come a un mondo in cui sicuramente la "pressione" mediatica era infinitamente inferiore a oggi e in cui le città erano più grigie e povere. Mi viene perciò da pensare che quel tocco di colore offerto dai messaggi sui cartelloni pubblicitari non potesse in fondo essere così sgradito.

Quelle immagini creavano empatia e, anche se con il passare del tempo entravano a far parte dello sfondo e sembrava che il messaggio perdesse di efficacia, queste diventavano una rassicurante presenza nell'ambiente, come se il brand ripetesse costantemente al consumatore: «Comunque io ci sono».

Allo stesso modo, quando comparve la televisione, l'offerta di programmi era così scarna che anche la pubblicità, di cui Carosello nel nostro paese fu un emblema, riusciva a suscitare interesse nella platea dei telespettatori. Era certo una pubblicità diversa, molto più calibrata sull'intrattenimento. La durata di quegli interventi era più lunga e la parte prettamente pubblicitaria del messaggio era situata esclusivamente in coda. Lo storyboard del filmato o dell'animazione rappresentava una breve storia, completa dal punto di vista narrativo, e terminava con il richiamo alla marca con lo slogan caratteristico. Era lo spazio televisivo durante il quale tutta la famiglia stava davanti alla TV. Ai bambini si era soliti dire: «Dopo Carosello vai a letto». Tutto ciò per dire che c'era empatia tra quel tipo di pubblicità e il telespettatore. Carosello era "uno di famiglia".

Con il riempirsi dei palinsesti, il tempo televisivo è diventato prezioso ed è nato lo spot, intenzionalmente breve perché nell'interruzione pubblicitaria ce ne devono entrare tanti. Anche se la produzione pubblicitaria si è arricchita qualitativamente negli anni e tanto studio si è fatto nella direzione di rendere i messaggi più accattivanti ed empatici nei contenuti, una scelta profondamente distonica è stata fatta dai gestori delle TV: permettere che film e spettacoli fossero interrotti dalla pubblicità in modo da carpire l'attenzione del telespettatore nel momento in cui è totalmente preso dallo spettacolo. Pur sapendo che non esiste cosa più sgradita che vedersi interrompere la visione di un film, si è data precedenza al profitto rispetto al livello di soddisfazione dell'audience.

Da quel momento la pubblicità televisiva si è venuta ad associare a qualcosa che disturba, che bisogna subire perché in fondo paga i costi dello spettacolo che stiamo vedendo. Da lì però è nato lo zapping di fuga da un canale all'altro, cui i broadcaster hanno reagito con altri stratagemmi come ad esempio cercare di sincronizzare i tempi della pubblicità sui vari canali. Come dire: «È inutile che fai zapping, tanto la pubblicità in questo momento la trovi anche sugli altri canali». La pubblicità tradizionale è arrivata a inseguire, a braccare il consumatore che, pur sopportandone la presenza, quando può cerca di nascondersi ai suoi messaggi insistenti. È come se dicesse: «Parla, parla... io non ti ascolto, aspetto che finisci, tanto il tuo messaggio non mi influenza». Purtroppo egli non sa una cosa che i broadcaster sanno bene, cioè che quando siamo esposti a un messaggio, anche se la nostra mente conscia lo rifiuta, la nostra mente inconscia in un modo o nell'altro lo recepisce.

Ciò alla lunga costruirà comunque un condizionamento, che noi lo vogliamo o no, che influenzerà i nostri acquisti. Quando infatti ci ritroveremo davanti allo scaffale in cui sono esposte trenta marche diverse di dentifricio e il nostro sistema decisorio andrà in crisi, il nostro inconscio porrà l'attenzione su due o tre marche tra le quali, guarda un po', c'è anche la marca il cui spot distrattamente o controvoglia abbiamo visto e rivisto tante volte in TV.

Anche la nascita del web ha vissuto una parabola simile. Quando agli albori di Internet navigavo sulla rete, questa era un'immensa scatola vuota. Trovare un sito con qualche pagina interessante da leggere era un'impresa. Poi pian piano il web si è riempito, sono comparsi i motori di ricerca ad aiutarci nella nostra navigazione ed è comparsa anche la pubblicità che si è evoluta parallelamente alla tecnologia.

Oggi ci sono i cookies, dei software che si insinuano sul tuo computer e lo pilotano per indurti a navigare verso siti su cui normalmente non andresti. Per bloccare queste incursioni dall'esterno sono nati i firewall.

Però come per la TV, se vogliamo utilizzare dei servizi gratuiti, come la posta o come i social network, dobbiamo sopportare la presenza della pubblicità che questi servizi li paga. L'approccio tra pubblicità e utente diventa quindi un rapporto basato sulla tolleranza di questi nei confronti del disturbo costante cui deve sottomettersi pur di beneficiare di servizi che altrimenti sarebbero a pagamento.

Ma il web, oltre a portare con sé le filosofie del marketing tradizionale, come i banner che altro non sono che delle trasposizioni sullo schermo dei cartelloni pubblicitari che vediamo per strada, ha dato vita a nuove filosofie di comunicazione.

Intanto, sempre per mezzo dei cookies, che tra l'altro spiano i nostri comportamenti sul web, oggi i messaggi pubblicitari che ci vengono proiettati sullo schermo possono essere filtrati sulla base di criteri legati alle nostre preferenze. In teoria quindi diventiamo bersaglio di messaggi che in fondo possono essere di nostro maggiore interesse, magari perché ci tengono in qualche modo aggiornati sull'evoluzione di prodotti di cui ci interessa seguire le sorti. In pratica però questo fatto aumenta la nostra vulnerabilità rispetto ai messaggi pubblicitari, in quanto l'emittente conosce la nostra sensibilità rispetto a quell'argomento e sa di aver individuato con più precisione il suo target.

Tuttavia il web, specialmente con quella che viene definita la versione 2.0, sta contribuendo ad attuare una rivoluzione. Infatti, se da un lato si è prestato come mezzo ulteriore per la comunicazione impostata su criteri tradizionali, dall'altro ha contribuito a rendere parte attiva l'utente che oggi, attraverso blog, forum e social network, può dire la sua a una controparte, l'impresa, che tiene profondamente in considerazione queste opinioni, anzi ne favorisce la generazione e le usa per confezionare la sua offerta. Il consumatore, come abbiamo già detto, diventa co-creatore o anche prosumer.

Nel renderlo partecipe della creazione dei prodotti si privilegia un rapporto di tipo empatico a sua volta basato su un rapporto di tipo win/win (vincere/vincere). Si dice cioè al consumatore che se quel determinato prodotto è vincente, il suo successo non è solo dell'azienda che lo produce ma è anche del consumatore co-creatore che con il suo intervento ha contribuito a quel successo.

Diventa così importante stabilire un rapporto empatico che sia dimostrazione della viva intenzione di entrare in simbiosi con il consumatore, di comprenderlo nel profondo in modo da riuscire a soddisfare al meglio le sue esigenze e addirittura prevenirle.

Dalle mie reminiscenze ingegneristiche mi torna in mente un principio che ha affascinato i miei studi di fisica: il principio della risonanza. È quel principio secondo il quale ogni corpo avrebbe una frequenza di risonanza dipendente dalle sue caratteristiche fisiche: massa, forma, materiali che lo compongono... Se investo quel corpo con un'onda sonora (senza quindi toccarlo) di frequenza pari a quella di risonanza, questo si mette a vibrare, cosa che non succede se la frequenza sollecitante è diversa.

Un esperimento interessante consiste nel mettere due pianoforti nello stesso ambiente. Suonando un tasto del primo ci si renderà conto che la stessa corda del secondo inizierà a vibrare come se fosse stata percossa direttamente (chiaramente con un'intensità inferiore). Si usa infatti dire che corpi simili dal punto di vista della consistenza fisica risuonano alla stessa frequenza.

Trasporre questo concetto al mondo della comunicazione vuol dire fare in modo che le imprese capiscano finalmente che se si vuole che il consumatore mostri una preferenza nei loro confronti o che, parlando in termini di fedeltà, non la abbandoni, l'impresa deve riuscire a entrare in risonanza con lui. In termini emotivi entrare in risonanza vuol dire entrare in uno stato di profonda empatia, cioè entrare nello stesso pathos, nello stesso sentire del consumatore fino ad arrivare a condividerne i valori.

Questo è a mio avviso uno dei principi fondanti che ha portato all'esigenza di nuovi modelli di marketing, quelli che definiamo non convenzionale. Non più quindi inseguire un consumatore che fugge dalla tua comunicazione, ma tornare in qualche modo a rendere gradevole questa comunicazione ai suoi sensi.

Certezza VS varietà: la chiave per entrare

Come si può tornare a rendere la pubblicità gradevole al consumatore in un mondo in cui la comunicazione permea in modo pregnante la vita di questi? Come fare a sapere poi se un messaggio è gradito o meno da colui che lo riceve?

Alcuni studi più recenti sui bisogni umani asseriscono che l'uomo se da un lato nella sua vita ha bisogno di certezze, dall'altro ha contemporaneamente bisogno di varietà. Parliamo di quella varietà positiva legata alla sorpresa, alla meraviglia, al piacere di eventi inaspettati ma in fondo desiderati. Questo contrasto apparentemente inspiegabile ci fa comprendere invece tante delle incongruenze comportamentali dell'uomo.

Se da un lato le certezze gli danno tranquillità, questa da sola non basta a farlo stare bene. È come se dentro di noi, il nostro animale, la parte antica del nostro inconscio, ci dicesse continuamente: «Stai all'erta, perché il predatore è sempre in agguato». Per cui quando non ci sono nella nostra vita degli eventi inaspettati, quando tutto sembra andare liscio, è come se questa parte di noi andasse in ansia. Ecco che la varietà allora tiene impegnata questa parte, la tranquillizza sul fatto che qualcosa di inaspettato può pure accadere, ma che lo riusciamo a gestire.

L'impresa che vuole entrare in empatia con il suo cliente sa trovare il modo di dargli contemporaneamente certezze, magari con un brand affermato nel tempo, e varietà, ad esempio proponendogli novità e offerte che sappiano stuzzicare la sua curiosità.

Un altro modo per soddisfare la necessità di varietà si basa sull'uso della rottura di schema, altro principio fondante della comunicazione non convenzionale. La rottura di schema è un aspetto della comunicazione affrontato ampiamente dagli studiosi provenienti dalla scuola di Palo Alto. Secondo costoro rompere gli schemi vuol dire introdurre varietà nel nostro pensiero, vuol dire tentare di approcciare alle cose della vita in modo diverso dal solito.

Una conferma dell'importanza che l'uomo dà alla varietà sta nel fatto che le cose che tendiamo a raccontare quando siamo con gli altri non sono tanto le cose che riguardano la nostra routine ma piuttosto ciò che per noi è insolito. Noi stessi, quando qualcuno ci parla di aspetti usuali della sua vita, tendiamo ad annoiarci. Quindi possiamo concludere che ciò che attrae la nostra attenzione è l'inusuale e non la routine, è rompere lo schema, non seguirlo.

Il fatto che la varietà sia importante nella vita delle persone lo riscontriamo in quei casi limite in cui alcune persone, non riuscendo a creare varietà nella loro vita in modo "sano", lo fa prendendo vie perverse come la droga, l'alcool o il gioco. Si tratta pur sempre di desiderio di varietà, una fame che queste persone non sanno appagare in altro modo.

Ecco allora che abbiamo messo a fuoco in che modo la comunicazione pubblicitaria può riavvicinarsi al consumatore, come può in qualche modo rendersi attraente e attirarlo a sé.

SEGRETO n. 7: la comunicazione pubblicitaria deve sempre porsi l'obiettivo di offrire varietà di tipo positivo, quella che sorprende, quella che emoziona, quella che sa accendere la speranza nel bene. Il mix magico sta nel riuscire a offrire la varietà che cerchiamo ambientandola in un contesto che ci dà tranquillità e certezze.

Dal punto di vista socio-culturale il contesto che ci dà tranquillità può essere quello dei nostri pari, della nostra tribù (*tribal marketing*); dal punto di vista ambientale quello degli spazi in cui viviamo di solito (*ambient marketing*, *street marketing*); dal punto di vista personale quello dei nostri valori (*eco-marketing*, *environmental marketing*); dal punto di vista emotivo quello dei nostri sentimenti (*emotion marketing*, *experience marketing*).

La fedeltà al brand dipende molto dall'abilità che l'impresa ha nel fornire sicurezza al cliente sul fatto che l'azienda lo ritiene importante, che lo segue attentamente nell'evoluzione dei suoi bisogni e interessi e che lavora per la sua soddisfazione. Dipende contemporaneamente dalla capacità di sorprenderlo positivamente con attenzioni, conferme valoriali, eventi e ambientazioni che sappiano suscitare in lui emozioni positive.

Come fare per sapere se il nostro messaggio ha colto il segno? A questo ci pensa il web 2.0 che, come vedremo affrontando meglio nel seguito lo studio dell'effetto virale, ci offre gli strumenti per seguire quanto un'idea si propaga, quanto ha successo. Una volta conquistato e fidelizzato, il cliente diventerà molto più facilmente "portatore sano" di quell'idea che l'azienda vuole diffondere nel mercato attraverso i vari canali della comunicazione.

RIEPILOGO DEL CAPITOLO 2:

- SEGRETO n. 6: Ciò che è nuovo salta subito alla nostra attenzione, il resto rimane... carta da parati.
- SEGRETO n. 7: La comunicazione pubblicitaria deve sempre porsi l'obiettivo di offrire varietà di tipo positivo, quella che sorprende, quella che emoziona, quella che sa accendere la speranza nel bene. Il mix magico sta nel riuscire a offrire la varietà che cerchiamo ambientandola in un contesto che ci dà tranquillità e certezze.

CAPITOLO 3:
Il contagio: dal passaparola al viral marketing

Qualunque commerciante, pur profano riguardo a qualsiasi concetto di marketing, non esiterebbe un secondo a confermare il fatto che il passaparola positivo è la forma più efficace di pubblicità.

Dopo un lungo giro evolutivo, il marketing sembra quindi essere tornato alle origini. È un processo iniziato con le conversazioni, passando per i broadcast media e tornato alla fine di nuovo alle conversazioni.

Un tempo il passaparola positivo era basato sulla reputazione di cui godeva colui che nel commercio e nelle arti si mostrava serio e affidabile agli occhi dei suoi clienti. Siamo quindi ritornati a un'**economia basata sulla reputazione**. È così nei mercati dei beni e servizi come lo è nei mercati finanziari internazionali. Oggi il nostro Paese paga gli interessi sul suo debito pubblico sulla base dello spread che altro non è che un indice collegato in un certo qual modo alla “reputazione” di cui gode il Paese stesso.

Possiamo quindi ritrovare le origini più antiche del marketing non convenzionale proprio nel passaparola. Perché questo canale di comunicazione risulta tuttora così efficace nella trasmissione di un messaggio, positivo o negativo che sia? Il passaparola consiste fondamentalmente in una concatenazione di conversazioni tra pari in cui il destinatario di un’informazione diventa a sua volta emittente della stessa.

All’informazione si associano naturalmente considerazioni, opinioni e giudizi personali che hanno maggiore o minore rilevanza in funzione della credibilità di chi lo emette. Le considerazioni alla sua base possono riguardare tanto un prodotto o servizio, quanto un brand o un’idea in genere. Alcuni studi eseguiti su questo tema paiono dimostrare che:

SEGRETO n. 8: il passaparola può, dal punto di vista persuasivo, arrivare a essere sette volte più efficace della pubblicità tradizionale.

Il motivo di questo risultato si basa sulla funzione di censura che la nostra mente razionale attiva ogni qualvolta diventa consapevole di essere il target di un messaggio con contenuto persuasivo. Il timore di essere manipolati da un messaggio pubblicitario ci porta a innalzare una sorta di barriera critica nei confronti di questo.

La cosa invece non succede, o succede molto meno, quando ci troviamo a conversare con persone che riteniamo nostre pari e che godono della nostra fiducia. È questa che ci porta più facilmente a "credere" nella genuinità del suo messaggio. Di solito siamo tanto meno prevenuti quanto più il consiglio che ci giunge sembra essere spassionato e disinteressato. Un amico che ad esempio ci consiglia di andare in un certo ristorante perché lì si mangia benissimo sarà tanto più credibile quanto più percepiamo il suo disinteresse nel darci quel consiglio. Altro effetto otterrebbe se noi sapessimo che il ristorante è di suo padre.

Quando il word of mouth (WOM) diventa intenso si viene a generare quell'effetto cosiddetto "buzz" (ronzio) segnalatore del fatto che il passaparola è diventato un brusio di voci che sempre più numerose veicolano il messaggio. L'avvento del web ha sicuramente aggiunto una forte spinta propulsiva al meccanismo del WOM in quanto i nostri incontri quotidiani, non più dipendenti necessariamente da un contatto "reale" e quindi non più condizionati da spostamenti fisici, grazie a Internet si sono moltiplicati enormemente. Si è così venuto a coniare un ulteriore neologismo, il *word of mouse.*

La velocità con cui un messaggio si può propagare su Internet favorisce un ulteriore aspetto. Infatti un'informazione ha un contenuto il cui interesse a volte è legato all'attualità o alla contestualità. Se la propagazione fosse lenta come quella legata al WOM tradizionale, l'interesse verso l'informazione stessa potrebbe venire meno prima che abbastanza persone ne siano venute a conoscenza. È proprio sul termine "abbastanza" che si gioca quindi quello che viene chiamato **effetto virale**, così come viene definito quel fenomeno che porta l'informazione a diffondersi con la rapidità di un virus, con una crescita che i matematici definiscono "esponenziale" e i fisici definiscono "esplosiva".

Tornando all'effetto virale, condizioni necessarie affinché questo si scateni sono:

- l'informazione deve avere un contenuto virale, cioè sorprendente, interessante; deve cioè essere meritevole di essere raccontata;
- le persone devono essere interessabili all'informazione e, contagiate dall'energia contenuta in questa, ne devono diventare a loro volta ripetitori.

Quali sono allora gli elementi chiave della viralità? Il primo dipende dalle caratteristiche dell'informazione, da quella sorta di energia emotiva contagiosa che nasce dalla rottura di schema e che solo alcune idee portano con sé. Così difficile da incontrare che quando accade scatena il nostro stupore e la necessità di condivisione, dimostrazione del fatto che oltre ad apprezzare la varietà, amiamo portarla nella vita degli altri. E questo è il secondo elemento della reazione virale: la **necessità di condividere**.

SEGRETO n. 9: due sono le cause che mettono in moto il fenomeno virale: la scintilla, l'energia d'innesco, data dalle caratteristiche di originalità proprie dell'informazione; la necessità di condivisione, conseguenza della necessità di appartenenza al gruppo.

Se ogni ricevente ripete l'informazione a più di un'altra persona la crescita diventa esponenziale. Ecco quindi che il termine "virale" può essere sinonimo di "esponenziale" (concetto matematico) o "esplosivo" (concetto fisico).

Quand'è che il fenomeno virale si arresta? Quando non è più capace di generare nuova energia propulsiva nel contagio di nuovi individui. Ciò accade quando:

- la notizia non è più attuale: ha perso la capacità di interessare;
- non rompe più gli schemi: magari perché nel frattempo gli schemi sono cambiati;
- molti già sono a conoscenza dell'informazione o si sono abituati al nuovo schema: non sono più bersagli potenziali (come il malato che ha passato la malattia e ne è diventato immune).

Volendo utilizzare una metafora possiamo richiamare di nuovo il concetto di risonanza. Potremmo, infatti, immaginare l'individuo come un pianoforte consistente in una serie di corde, ognuna rappresentativa di una particolare emozione e di conseguenza sensibile alle vibrazioni di una certa frequenza sulla base del principio di risonanza. Ad ogni emozione potremmo immaginare che corrisponda una determinata corda nell'individuo. C'è la corda della tristezza, quella della gioia, quella della sorpresa, quella dell'allegria ecc.

Ogni informazione con cui l'individuo viene a contatto porta con sé una forma d'onda contenente delle frequenze capaci di far risuonare una o più corde (o nessuna).

Potremmo allora pensare che un individuo entra in risonanza con una certa informazione se questa riesce a far vibrare energicamente una o più delle sue corde. La qual cosa vorrebbe dire che questi è "stato toccato" in modo particolare da quell'informazione e quindi forte è l'emozione positiva (allegria, gioia, stupore) o anche negativa (dolore, sgomento, rabbia).

Quando ciò succede, diventa grande la voglia di questi di condividere questo stato di eccitazione e di far vibrare le corde di altri individui, prima di tutto di coloro che lui sente più vicini: i suoi familiari, i suoi amici, la sua tribù. La voglia di sentirsi in risonanza con gli altri, voglia mai totalmente soddisfatta, è figlia del bisogno di appartenenza al gruppo, bisogno che Abraham Maslow nella sua piramide dei bisogni umani pone al terzo livello tra i bisogni di sicurezza emotiva, insieme all'amicizia, all'affetto e all'amore.

Dalla metafora della risonanza appena usata, a un matematico non sfuggirebbe l'esistenza di una relazione tra la viralità e due variabili da cui questa dipende, che sono:

- l'intensità emotiva che l'idea-veicolo è potenzialmente capace di suscitare: variabile funzione sia del numero di corde che questa può toccare (cioè di emozioni diverse che può suscitare), sia dell'intensità vibrazionale che essa veicola con sé. È quello che viene chiamato viral-DNA;
- il numero di persone raggiungibili e che in un certo momento sono predisposte a recepire quell'informazione e a lasciarsi coinvolgere emotivamente.

Quel matematico potrebbe poi associare a questa relazione una superficie in R^3 o più semplicemente associarvi l'area del rettangolo individuato sugli assi cartesiani relativi alle due variabili, come in figura:

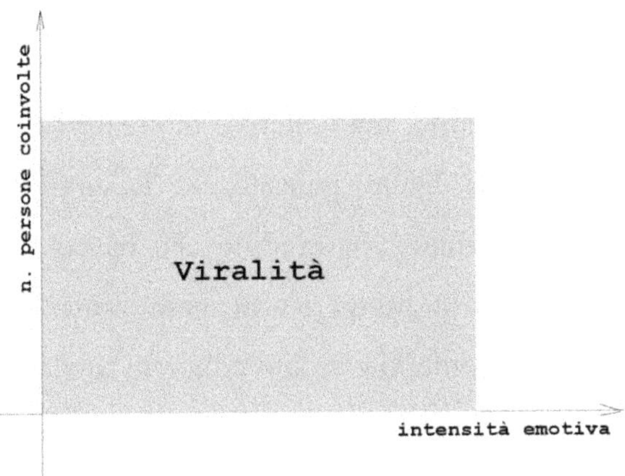

Questa serie di metafore (o elucubrazioni mentali) con alla base un'innaturale commistione tra ingegneria e sociologia altro obiettivo non ha che quello di tentare di mettere a fuoco (in modo magari più creativo del solito) i possibili principi alla base di quel fenomeno che viene chiamato viralità.

SEGRETO n. 10: due sono le variabili in cui si può scomporre la viralità: l'intensità emotiva che l'idea-veicolo è potenzialmente capace di suscitare, il cosiddetto viral-DNA; il numero di persone raggiungibili e che in un certo momento sono predisposte a recepire quell'informazione e a lasciarsi coinvolgere emotivamente.

Molti studiosi di marketing, nel tentativo di creare l'effetto virale intorno ai loro prodotti, hanno pensato che la viralità fosse una questione di mezzi. Hanno cioè creduto che bastasse incanalare un'idea su Internet e farla giungere a un gran numero di persone, perché si scatenasse l'epidemia, cioè il contagio totale.

Hanno lavorato solo sull'asse y del nostro grafico, quello del numero di persone cui far arrivare l'idea. Non hanno compreso che affinché la viralità si scateni c'è bisogno che l'idea-veicolo abbia insito nel suo DNA, cioè nella sua concezione, il germe della viralità, cioè di quella capacità di emozionare, sorprendere, spiazzare il nostro consumatore.

SEGRETO n. 11: la viralità non è questione di budget, è questione di genio.

L'attività che segue la concezione dell'idea virale da lanciare è quella cosiddetta di *seeding* (semina) in cui attraverso Internet (ma non solo) si trasmette l'idea per mezzo dei social media. Diventa a questo punto importante individuare le persone giuste attraverso le quali iniziare la semina del contagio. Di solito un seeding efficace cerca di coinvolgere le figure più persuasive presenti in rete.

Malcolm Gladwell nel 2006 indica, tra le persone con maggiori capacità di influenza, tre particolari categorie:

- i **connettori**, dotati di particolare capacità di legare e di costruire contatti. Abili nelle pubbliche relazioni, hanno varie e ampie cerchie di amici e conoscenti;
- gli **esperti di mercato**, sempre aggiornati, amano condividere le informazioni che raccolgono;
- i **venditori**, abili persuasori, carismatici e capaci di imporsi nelle relazioni.

Non è difficile individuare queste figure nella nostra vita di tutti i giorni. Averne alcune nella propria rete di contatti e riuscire a coinvolgerle può fare veramente la differenza. Non serve quindi puntare a raggiungere sin da subito il più alto numero di utenti, basta cominciare da poche persone, quelle "giuste". Geoffrey Moore, tramite il suo diagramma, ci espone le modalità con cui di solito si diffondono i prodotti tecnologici di maggior successo:

- innovatori;
- adottatori precoci;
- maggioranza precoce;
- maggioranza ritardataria;
- ritardatari.

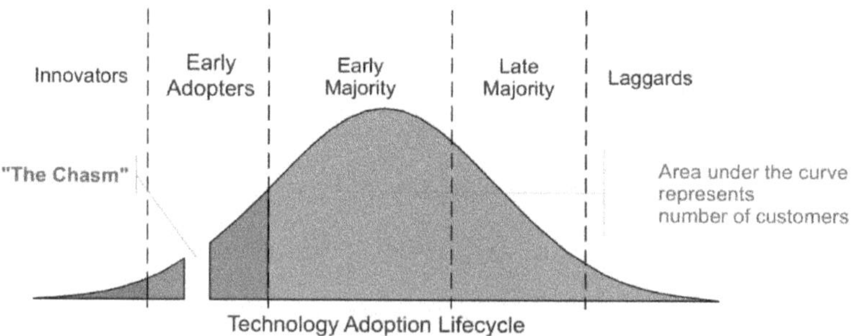

Diagramma di Moore (Fonte: http://itsadeliverything.com).

Tramite il diagramma di Moore si può individuare una differenza sostanziale tra il marketing tradizionale e quello virale. Il primo, infatti, ponendosi come obiettivo immediato quello di portare il prodotto o il brand alla conoscenza del più ampio target possibile, punta subito all'arco centrale del grafico, dove è concentrato il pubblico più vasto. Questo richiede grossi investimenti pubblicitari per la veicolazione dell'informazione attraverso i canali pubblicitari a più ampia diffusione: broadcast radio-televisivi principali, stampa a grande diffusione, cartellonistica urbana.

Il marketing virale invece punta agli influenzatori più efficaci che sono rappresentati nella coda sinistra del grafico, cioè gli innovatori e gli adottatori precoci, in numero molto più esiguo e quindi meno costoso da raggiungere. Sono questi opinion leader tecnologici a influenzare la massa, a convincerla e portarsela dietro. Infatti sulla base di quello che viene chiamato "effetto gregge", man mano che il gruppo di coloro che hanno acquistato il prodotto cresce, altri utenti per non sentirsi esclusi dal gruppo si adegueranno e procederanno a loro volta all'acquisto.

Aver compreso i principi alla base della viralità ci permette ora una comprensione migliore di quella particolare forma di marketing non convenzionale che prende il nome di *viral marketing*.

Fu Jeffrey Rayport nel 1996 a usare per la prima volta in un articolo della Harvard Business School il termine viral marketing. Kaplan e Haenlein nel 2010 ne danno questa definizione: «Il marketing virale è un passaparola elettronico attraverso il quale i messaggi di marketing legati all'impresa, alla marca o al prodotto sono diffusi in maniera esponenziale, spesso attraverso l'impiego dei social media».

Come abbiamo detto in precedenza, la diffusione virale non si può creare perché è effetto e non causa generatrice. Tale è invece ciò che abbiamo definito con il termine viral-DNA, senza il quale il messaggio non è in grado di generare l'effetto virale, cioè di stimolare il destinatario a condividerlo con i suoi amici.

Come accade con i virus biologici in cui è il contagiato che si fa portatore del virus, nel marketing virale solamente il destinatario del messaggio ha il potere di attivare il virus presente nel DNA del messaggio, non l'azienda che ha prodotto quel messaggio. L'unico modo che l'azienda ha a disposizione per attivare una campagna virale sta nell'ideazione del viral-concept. Sarà poi la platea a stabilire se l'idea è veramente virale.

Il viral marketing nasce quindi con l'obiettivo di attivare il passaparola, in particolare quello che viaggia attraverso i social media e si realizza attraverso l'analisi della psicologia comunicativa degli utenti-target. Il passaparola a sua volta viene indotto motivando il destinatario a condividere il messaggio.

Varie possono essere le leve motivazionali che spingono gli utenti alla condivisione. Abbiamo precedentemente parlato della necessità di coinvolgere il destinatario attraverso l'emozione ma ciò non toglie che lo si possa fare anche attraverso un coinvolgimento razionale, per esempio quello che passa per la convenienza e il guadagno personale. Possiamo in linea di massima riassumere le fonti della motivazione alla condivisione nelle seguenti categorie:

- guadagno personale;
- condivisione valoriale, di credenze, di ideologie;
- utilità sociale;
- curiosità;
- interessi ludici;
- estetica;
- comicità;
- sesso ed erotismo.

Una volta individuato il target del nostro messaggio, si può partire dalla disamina di queste categorie per decidere quali corde cercare di far vibrare nel destinatario affinché egli possa entrare in risonanza con il messaggio da veicolare e attivare l'effetto virale.

RIEPILOGO DEL CAPITOLO 3:

- SEGRETO n. 8: Il passaparola può, dal punto di vista persuasivo, arrivare a essere sette volte più efficace della pubblicità tradizionale.
- SEGRETO n. 9: Due sono le cause che mettono in moto il fenomeno virale: la scintilla, l'energia d'innesco, data dalle caratteristiche di originalità proprie dell'informazione; la necessità di condivisione, conseguenza della necessità di appartenenza al gruppo.
- SEGRETO n. 10: Due sono le variabili in cui si può scomporre la viralità: l'intensità emotiva che l'idea-veicolo è potenzialmente capace di suscitare, il cosiddetto viral-DNA; il numero di persone raggiungibili e che in un certo momento sono predisposte a recepire quell'informazione e a lasciarsi coinvolgere emotivamente.
- SEGRETO n. 11: La viralità non è questione di budget, è questione di genio.

CAPITOLO 4:
Dalle 4P alle 4P reloaded

Al contrario di quanto molti credono non fu Kotler a ideare il modello delle 4P del marketing mix, ma Jerome McCarhty. Kotler tuttavia ne fu il maggior divulgatore. Secondo questo modello tutte le attività di marketing operativo possono essere suddivise in quattro sezioni:

- product (prodotto);
- price (prezzo);
- placement (punto vendita);
- promotion (promozione).

Questo modello è stato poi integrato da altri studiosi attraverso l'aggiunta di altre P (packaging, personal selling ecc.), aggiunte considerate inutili da Kotler che ha ritenuto il packaging un aspetto del prodotto, il personal selling un aspetto della promozione ecc. Questo è un esempio di come il dibattito scientifico sul marketing sia stato sempre ricco di posizioni sia pro che contro quella che viene definita la scuola tradizionale. Kotler ha successivamente fornito la sua critica al modello delle 4P attraverso il suo modello delle 4C:

- customer value (valore per il cliente);
- change (capacità dell'azienda di cambiare se stessa e le sue proposte al mercato);
- convenience (facilità con cui i clienti arrivano ai prodotti e all'azienda);
- communication (comunicazione).

Con questo modello Kotler vuole ribadire l'importanza di pensare prima al modo in cui si può creare valore per il cliente e solo dopo a come indurlo all'acquisto. Per quanto riguarda l'avvento del non convenzionale, è facile comprendere come non sia mai facile scalzare la tradizione e trovare spazio per l'innovazione nel mondo accademico e, anche quando ciò accade, forte rimane la spinta conservatrice tesa a riutilizzare e riciclare quanto più possibile i vecchi modelli. Ne è un esempio il riutilizzo nell'ambito del marketing non convenzionale delle 4P riadattate al nuovo contesto.

SEGRETO n. 12: nel modello delle 4P riadattate esse diventano: passaparola, peculiarità, punto d'interesse, praticità.

Allo scopo di esplicitare meglio il significato di questi termini proviamo ad analizzare un caso in questa nuova chiave di lettura. Dopo l'articolo in cui Rayport aveva introdotto il viral marketing, nel 1997 interessante fu il riutilizzo del termine "virale" all'interno dell'analisi condotta da Steve Jurvetson e Tim Draper a riguardo del fenomeno Hotmail. L'idea che si rivelò vincente e foriera di successo per questa azienda fu quella di inserire, in ogni mail inviata con quel servizio, un link al sito del provider. In questo modo ogni mail si comportava come una cellula che veicola in sé un virus (il link).

Al momento dell'apertura della mail, il destinatario veniva quindi esposto al rischio di contagio, in quanto era come se gli giungesse un messaggio che implicitamente diceva: «Hai ricevuto senza problemi questa mail grazie a Hotmail. Se anche tu vuoi usufruire di questo servizio clicca sul link e abbonati a Hotmail». Nel momento in cui questi lo faceva, da lì in poi anche lui sarebbe diventato portatore del contagio, cioè del link che sarebbe stato inserito in tutte le mail dirette ai suoi amici.

In poco più di un anno Hotmail collezionò cinquanta milioni di utenti investendo praticamente zero dollari, a parte i cinquantamila dollari investiti in pubblicità tradizionale che non fecero sicuramente la differenza. Infatti un suo concorrente, Juno, che in pubblicità tradizionale di dollari ne aveva investiti oltre venti milioni, non riuscì neanche minimamente ad avvicinarsi al successo di Hotmail.

La strategia di Hotmail è oggi seguita da tutti i provider. È diventata prassi, qualcosa cioè di usuale, convenzionale. Non dimentichiamo che "non convenzionale" vuol dire "diverso da come lo fanno gli altri". Per questo motivo, mentre in questo momento non è difficile etichettare con tale formula tutto ciò che si distanzia dall'offerta del marketing tradizionale, con il passare del tempo la caratteristica di "non convenzionalità" traslerà in avanti man mano che ciò che oggi è non convenzionale si trasformerà in usuale. Man mano quindi che gli utenti si abitueranno alle attuali proposte non convenzionali, nuove strategie, proposte, modelli dovranno essere pensati allo scopo di continuare a sorprendere e coinvolgere positivamente l'utente.

Analizzando il caso Hotmail vediamo che l'elemento essenziale che ha sancito il successo virale dell'idea è, a conferma di quanto detto in precedenza, il destinatario, la persona. Nel momento in cui questi, cliccando sul link, si lascia contagiare, sancisce la viralità dell'idea, conferma cioè che questa ha funzionato. La sua azione non è nata dall'intervento di un mezzo di comunicazione di massa ma semplicemente seguendo l'esempio di un amico. La spinta nasce dalla fiducia che è alla base del rapporto di amicizia.

SEGRETO n. 13: è il mittente che sancisce la viralità di un messaggio. È lui che riconosce se nel messaggio esiste un DNA virale. È lui che, nel momento in cui decide di condividere il messaggio con i suoi amici, scatena l'effetto virale.

Grazie all'analisi del caso Hotmail possiamo generalizzare il senso del termine passaparola, intenderlo in modo più ampio del tradizionale.

SEGRETO n. 14: il passaparola può non essere necessariamente esplicito. Può essere implicito, subliminale o addirittura insito nell'azione svolta.

Come nel caso appena visto, il virus viene trasmesso inconsapevolmente a una persona che molto probabilmente sempre inconsapevolmente lo acquisisce. Il destinatario della mail si iscrive a Hotmail non perché gli sia stato consigliato esplicitamente, ma perché sa che il suo amico lo ha fatto. E se lo ha fatto lui vuol dire che è una buona cosa.

La prima delle quattro P che abbiamo visto, il **passaparola**, va quindi intesa in una accezione più ampia di quella tradizionale. Possiamo intenderla come il passaggio di qualsiasi elemento componente la comunicazione, sia verbale che extraverbale, sia implicita che esplicita, che possa spingere il destinatario all'emulazione. In un determinato contesto anche tacere stando immobili può avere un significato. Nel momento in cui un destinatario riceve questo messaggio, lo condivide e lo emula, sta partecipando a un passaparola. Allo stesso modo può definirsi il comportamento emulativo degli appartenenti a un gruppo (tribù) rispetto agli standard interni in qualche modo trasmessi da qualche componente a cui gli altri riconoscono una leadership che lo rende in qualche modo un trend maker.

La seconda P riguarda la **peculiarità**. Con tale termine si vuole intendere la creazione di situazioni particolari, impreviste, in grado di rompere gli schemi, di affascinare, di stupire, di emozionare o comunque di attirare efficacemente l'attenzione.

Come abbiamo già detto anche l'offerta di un prodotto a un prezzo veramente eccezionale o la prospettiva di un forte guadagno, pur essendo uno stimolo prettamente razionale, grazie alla sua eccezionalità può stupire e quindi scatenare emozione.

«La curiosità uccise il gatto» recita un vecchio detto, perché spinge l'individuo a esplorare l'ignoto e a tacitare quella vocina interna che invece gli suggerisce costantemente prudenza e diffidenza. Quando si riesce a generare curiosità nel consumatore, viene istantaneamente a cadere nella sua mente qualunque forma di diffidenza.

Riprendendo un vecchio modello dal mondo tradizionale potremmo dire che la pubblicità convenzionale tenta di spingere un'idea verso il consumatore (filosofia *push*), ed essendo ciò recepito consciamente come un tentativo di persuasione, genera forme di resistenza. All'opposto il non convenzionale, incuriosendo il cliente, lo attrae verso l'idea (filosofia *pull*).

Pur avendo contenuto persuasivo, la pubblicità non convenzionale non viene recepita come tale e non genera quindi forme di resistenza, almeno fin quando il consumatore non si abitua anche a quel tipo di proposta.

Una volta scelta la forma non convenzionale di trasmissione dell'idea, diventa a questo punto importante la scelta del metodo di inoculazione del contagio. Questo sarà tanto più efficace quanto più inusuale e atipico è il mezzo usato. Bisogna quindi essere peculiari, oltre che nella scelta dell'idea virale, anche nella scelta del mezzo di veicolazione.

Un altro aspetto del modello delle 4P "reloaded" è il **punto di interesse**. Dove deve cadere l'attenzione del consumatore affinché la viralità si inneschi? Nel caso Hotmail il punto di interesse era il link, un qualcosa che non c'entrava con il messaggio che l'amico aveva inviato ma che a questo era collegato in quanto Hotmail si dimostrava il fautore della trasmissione: grazie ad esso i due amici si erano potuti scambiare il messaggio, un qualcosa di per sé attraente che finiva per focalizzarsi nel link. Come dire: il messaggio mi aggrada, quindi anche il link al suo interno mi aggrada.

Robert Cialdini, autore de *Le armi della persuasione*, definirebbe ciò come una manifestazione del cosiddetto "effetto alone". Questo consiste nel porre qualcosa di particolarmente gradevole vicino a qualcosa di cui ancora non ci si è creati un'opinione. È un principio che vediamo usato ogni qualvolta in un messaggio pubblicitario si pone il prodotto o il brand in un contesto reso gradevole dalla presenza di persone attraenti. In questo modo il prodotto viene avvolto da un alone di gradevolezza che tenderà a influenzare positivamente il giudizio che l'osservatore si formerà a riguardo.

Nella pubblicità tradizionale centrare il punto di interesse vuol dire inviare il messaggio in determinate fasce orarie nel caso dell'uso di broadcast, oppure inserirlo in certe pagine di determinate testate nel caso della stampa, o ancora collocarlo su determinati cartelli stradali posizionati in determinate zone urbane.

Ma mentre la pubblicità tradizionale centra il punto d'interesse interrompendo la visione, l'ascolto o la lettura, quella non convenzionale si pone al centro dell'attrazione, diventa intrattenimento, parte integrante del contesto, senza arrecare disturbo. L'advertising diventa *advertainment* (advertising + entertainment), interviene nei luoghi del vissuto comune del consumatore e lo rende partecipe, attore.

Un'efficace inoculazione del virus va realizzata tenendo conto delle caratteristiche del prodotto, di come questo si cala nella vita del consumatore e di come questi si pone in rapporto con gli altri potenziali consumatori appartenenti alla sua cerchia di contatti.

La quarta P riguarda quindi la **praticità** del prodotto rispetto alla qualità delle materie prime usate, alla funzionalità, alla sicurezza, senza trascurare altri aspetti valoriali quali l'ecologia, il rispetto del lavoratore nei contesti produttivi ecc.

Vista la centralità del consumatore in queste nuove forme di marketing diventa essenziale per l'azienda veicolare informazioni sincere e mantenere un comportamento affidabile. In caso contrario il semplice atteggiamento di astensione che per rivalsa il consumatore assumesse, comprometterebbe la sua partecipazione a qualsiasi forma di passaparola e ciò renderebbe vano ogni sforzo dell'azienda di veicolare nuovi messaggi per via virale. Nel caso ancor più grave in cui il consumatore si sentisse in qualche modo preso in giro, illuso o ingannato, questi potrebbe reagire passando dall'astensione al passaparola negativo che in molti casi ha causato seri danni ad aziende che avevano in qualche modo tradito le aspettative del cliente.

Emblematico è il caso del boicottaggio perpetrato dai consumatori ai danni di aziende coinvolte in qualche modo nello sfruttamento del lavoro minorile o di altre che testavano i prodotti sugli animali. Viviamo in un'economia basata sulla reputazione. Il prosumer oggi ha molta voce in capitolo in quanto conosce bene i canali per far conoscere sia la sua soddisfazione che la sua insoddisfazione. E gli altri prosumer gli danno grande ascolto. Le aziende che non hanno compreso questo rischiano di avere vita breve.

RIEPILOGO DEL CAPITOLO 4:

- SEGRETO n. 12: Nel modello delle 4P riadattate esse diventano: passaparola, peculiarità, punto d'interesse, praticità.
- SEGRETO n. 13: È il mittente che sancisce la viralità di un messaggio. È lui che riconosce se nel messaggio esiste un DNA virale. È lui che, nel momento decide di condividere il messaggio con i suoi amici, scatena l'effetto virale.
- SEGRETO n. 14: Il passaparola può non essere necessariamente esplicito. Può essere implicito, subliminale o addirittura insito nell'azione svolta.

CAPITOLO 5:
L'effetto sorpresa: il guerrilla marketing

Abbiamo visto nei capitoli precedenti quanto sia importante il concetto di viralità nell'approccio non convenzionale al marketing. Abbiamo altresì compreso quanto l'emozionare, il sorprendere, lo stupire siano elementi chiave dell'approccio virale. In questo capitolo voglio quindi focalizzare l'attenzione su quello che è stato uno dei primi esempi emblematici di utilizzo di tecniche volte a generare appunto l'effetto sorpresa: il *guerrilla marketing*.

Occorre infatti tenere a mente che il marketing non convenzionale è nato a causa del sovraffollamento informativo in cui ormai da decenni il consumatore è immerso. Per tale motivo non è più facile giungere alla sua attenzione in modo tradizionale, cioè attraverso i mezzi classici della pubblicità. A ciò va aggiunto anche l'elevato costo della stampa a larga diffusione e del broadcasting via etere, mezzo che tutti sappiamo essere limitato nelle frequenze. La costante ricerca di nuovi modelli, di nuove tecniche di comunicazione e di nuove idee ha invogliato i nuovi marketer a tentare l'esplorazione di forme innovative determinando l'inizio della crisi del marketing tradizionale.

Quando l'elemento che sorprende nasce da un'idea particolarmente creativa, trasgressiva o connotata da una forte rottura di schema, si viene a parlare di "guerrilla marketing". Il termine *guerrilla* rende bene l'idea del colpire a sorpresa, a rischio a volte di superare i limiti della legalità. È un termine che risale alla resistenza spagnola durante l'occupazione napoleonica. I guerriglieri, un po' come i nostri partigiani della seconda guerra mondiale, spesso inferiori numericamente e meno armati, combattevano sfruttando fondamentalmente l'effetto sorpresa e una migliore conoscenza del territorio e delle popolazioni locali.

Il principio della lotta alternativa, alla base del guerrilla marketing, usato quando le proprie forze sono inferiori e tali da non permettere uno scontro diretto vincente, lo ritroviamo in tante battaglie ideologiche e non-profit, in molti movimenti giovanili come quelli di protesta underground, nella comunicazione dei writers e nelle organizzazioni non governative. Allo stesso modo, quando limitati mezzi finanziari o resistenze particolari del "sistema" a determinate proposte non permettono di giungere efficacemente all'attenzione del proprio target è necessario trovare vie alternative. Così hanno fatto organizzazioni mondiali come Amnesty International e Greenpeace, in controtendenza rispetto ai poteri globali che spesso controllano in qualche modo i grandi broadcast dell'informazione. Costoro, muovendosi come guerriglieri, per mezzo di imboscate e azioni eclatanti, come abbiamo visto fare ad esempio nell'inseguimento delle baleniere giapponesi, hanno alla fine costretto i mass media a occuparsi di loro, generando così un grande impatto comunicativo praticamente senza investire un soldo in comunicazione.

Il termine guerrilla marketing fu coniato da Jay Conrad Levinson nel tentativo di estendere al marketing queste strategie. Nel 1984 egli lo definì come «un sistema non convenzionale di comunicazione a budget ridotto e limitato che punta sulla creatività – a volte ai limiti dell'etica – piuttosto che su grandi investimenti economici».

Il grande interesse suscitato nei neo-marketer da queste nuove tecniche non sta però solo nella possibilità di creare campagne efficaci senza le ingenti risorse richieste dal marketing tradizionale, ma anche nella loro voglia di protagonismo. L'uso intensivo della creatività e della rottura di schemi nella formulazione di idee sorprendenti che riescano a coinvolgere emotivamente il destinatario del messaggio sconfina infatti in alcuni casi in vere e proprie forme d'arte.

Firmare un'idea che ha avuto successo dà all'ideatore quella soddisfazione che è propria degli artisti. Essere riconosciuti e apprezzati produttori di forme di comunicazione di successo è un'ulteriore spinta propulsiva all'affermazione del marketing di stampo non convenzionale. Riuscire a scatenare l'effetto virale intorno a un messaggio veicolato su Internet, capace di diventare notizia globale, è per un neo-marketer elemento distintivo di successo. È per questo che costui oggi non può più fare a meno di tenere sotto costante controllo gli indicatori di visualizzazione o di condivisione di un proprio messaggio messo su Internet.

Una modalità espressiva, emblematica secondo molti dal punto di vista artistico, è fornita dai già citati writers, espressione del cosiddetto "graffitismo" (*graffiti writing*). Si tratta di una manifestazione sociale, culturale e artistica diffusa in tutto il pianeta, basata sull'espressione della propria creatività tramite interventi pittorici sul tessuto urbano. Correlato ad essa è l'atto dello scrivere il proprio nome d'arte (tag) diffondendolo come fosse un logo.

Il fenomeno, ricordando la pittura murale (*murales*: disegni su muro), è da alcuni ad essa accostato, e viene spesso associato ad atti di vandalismo, poiché numerosi writers utilizzano come supporti espressivi mezzi pubblici o edifici di interesse storico e artistico. I graffiti, così come il ritorno all'uso dell'uomo sandwich o dello stesso passaparola, sono alcuni dei vecchi mezzi pubblicitari riportati in auge da forme di marketing non convenzionale come il guerrilla marketing.

Il nuovo approccio cognitivo fornito da Levinson nel suo libro *Guerrilla Marketing* si basa su un nuovo modo di intendere la creatività, non più necessariamente in contrapposizione dicotomica con tutto ciò che è razionale, ma intesa come mezzo necessario per identificare nuove modalità e per riuscire a farsi strada, nonché per diventare parte attiva nel processo di cambiamento della società.

Il marketer, nuovo antropologo nello studio della post-modernità, è quindi costretto a sostituire le sue vecchie lenti kotleriane con altre nuove che gli permettano di osservare e comprendere i fenomeni emergenti nella società. Il suo obiettivo diventa intercettare quei mutamenti sociali che gli possano fornire nuovi spunti creativi, fonte di nuove strategie, di nuovi modi di sfruttare i mezzi a sua disposizione o di invenzione di nuovi.

La prima formulazione del guerrilla marketing voleva essere una soluzione per fornire dei mezzi promozionali efficaci a società di piccole dimensioni, non in possesso delle caratteristiche economiche tali da renderle capaci di contrastare lo strapotere delle grandi compagnie. Oggi invece anche le grandi aziende devono attingere alle forme non convenzionali se non vogliono limitarsi a fare da "tappezzeria".

Alla luce del modello new-4P la forza del guerrilla marketing sta nel focalizzarsi sulla peculiarità, sull'originalità che genera sorpresa nel target che si intende colpire.

SEGRETO n. 15: se vuoi colpire il tuo target, incuriosirlo e catturare la sua attenzione devi essere peculiare, originale.

Come accadde nella guerriglia partigiana, l'efficacia del guerrilla marketing è strettamente legata alla conoscenza del territorio. Il messaggio si cala nel mondo reale. Esso infatti consiste di solito nella realizzazione di eventi a stretto contatto con le persone, in cui le persone diventano parte integrante e che si ambientano in strada, sui mezzi pubblici, nei locali. Proprio per questo le correnti principali del guerrilla marketing sono l'*ambient guerrilla* e la *street art inspired.*

Qualcuno ha visto nel guerrilla marketing l'evoluzione non convenzionale della comunicazione veicolata dai cartelloni pubblicitari. Seppure da un lato si può accettare tale accostamento in quanto il cartellone è l'unica forma pubblicitaria tradizionale che è immersa fisicamente nella vita reale del quotidiano, all'opposto questa se ne discosta fortemente per la mancanza di contestualità. I messaggi dei cartelloni decisi in sede di ideazione della campagna non cambiano infatti a seconda del contesto o della zona in cui questi andranno installati.

Ogni espressione del guerrilla marketing è invece associata a un determinato contesto e al tipo di persone che in un certo momento vi si possono incontrare. È proprio dedicando molta attenzione a questi aspetti che diventa possibile formulare proposte "vicine" al target di interesse. La scelta del luogo può essere a volte orientata al raggiungimento di una categoria particolare di persone, magari proprio quegli opinion leader di cui abbiamo decantato le capacità di contagio. Realizzare ad esempio un flash mob in via Frattina a Roma mi colloca più vicino al target della moda rispetto a una location come il mercato di piazza Vittorio.

SEGRETO n. 16: il contesto deve essere in qualche modo "affine" al prodotto da promuovere.

L'obiettivo è infatti far "vivere" il prodotto dal punto di vista sensoriale, interagire con i presenti, farli sentire vicini al brand, farli interagire con esso. Il pubblico può così toccare con mano la **praticità** del prodotto, vederlo dal vivo e magari assaggiarlo, annusarlo o percepirne le vibrazioni. L'evento diventa così esperienza sensoriale oltre che emotiva, e questo mix intenso, oltre a creare un potente ancoraggio mnemonico, può essere il punto di partenza di un efficace fenomeno virale.

SEGRETO n. 17: se vuoi che il tuo pubblico ami il tuo prodotto o il tuo brand, faglielo vivere.

Altro effetto positivo connesso all'esperienza diretta è il fatto che, essendo l'utente calato nel contesto insieme al prodotto o al brand, la relazione tra questi non è mediata da alcun interlocutore. È quindi più facile che non venga ad attivarsi quella funzione di censura che limita l'efficacia del messaggio. Per avere successo quindi l'azienda deve riuscire a eliminare ogni barriera tra sé e il cliente e deve altresì essere capace di creare un rapporto con lui il più diretto possibile.

Conoscere il contesto di intervento è fondamentale anche per riuscire a individuare quella rottura di schema efficace, capace di creare il massimo coinvolgimento nel consumatore. È soprattutto la curiosità verso il modo in cui viene ambientato l'evento a focalizzare il punto di interesse sul messaggio. La curiosità viaggia chiaramente a braccetto con la semplicità e l'immediatezza del significato veicolato dall'esperienza di guerrilla marketing in quanto…

SEGRETO n. 18: difficilmente ciò che è di natura complesso riesce a stimolare curiosità o stupore.

L'uso di testimonial famosi in eventi ambientati nella realtà può generare reazioni da parte dei fan che a volte raggiungono livelli di isteria collettiva, reazioni di certo non ottenibili tramite la partecipazione degli stessi testimonial all'interno di spot pubblicitari tradizionali. Non dimentichiamo infine che la scelta della strategia, del metodo, del luogo e del momento dipendono dal tipo di prodotto, dalle sue caratteristiche e dal messaggio che si vuole trasmettere ai consumatori.

Il guerrilla marketing sembra porsi rispetto al viral marketing nella stessa relazione in cui il termine "locale" sta a "globale". Se infatti con il viral posso arrivare a contagiare milioni di persone in tutto il mondo, magari anche persone che per questioni di distanza non possono accedere al prodotto che sto promuovendo, con il guerrilla non ho la stessa "potenza" di diffusione in termini di contatti, ma posso riuscire a interessare quella "limitata" platea di consumatori più vicini a un determinato punto vendita di mio interesse particolare.

Se è vero che il guerrilla soffre della limitatezza geografica, è altrettanto vero che esso trascende un limite che è proprio del viral: il *digital divide* che esclude quella fetta non esigua di popolazione che attualmente ancora non accede a Internet in maniera sensibile. A questa parte di mondo non ancora contaminato dal web non rimane che il WOM tradizionale per trasmettere le proprie emozioni, una modalità più lenta ma che sa essere sicuramente intensa e più efficace dal punto di vista emotivo, perché coinvolge tutti i sensi.

Del resto l'intensità di un contatto personale non potrà mai essere eguagliato da un contatto "virtuale": una stretta di mano, un sorriso o un abbraccio non sono digitalizzabili. Tutti sappiamo cosa siano gli emoticon e il significato dei simboli che vengono usati. Ma non potremo mai dire che questo ☺ sarà la stessa cosa di un vero sorriso.

Possiamo quindi dire che il guerrilla e il viral marketing sembrano per certi versi essere ortogonali, indipendenti tra loro e in un certo qual modo complementari. Nel momento ad esempio in cui un grande marchio, di livello globale, mettesse in atto un'azione di guerrilla veramente d'effetto in un centro commerciale, in prossimità di un suo punto vendita, questo genererebbe sicuramente un riscontro positivo sull'attività di quel punto commerciale, ma potrebbe altresì innescare sul web un effetto di diffusione virale, originato magari da video postati da consumatori che in quel momento vi hanno assistito personalmente, con effetti positivi sul brand in ogni parte del mondo.

RIEPILOGO DEL CAPITOLO 5:

- SEGRETO n. 15: Se vuoi colpire il tuo target, incuriosirlo e catturare la sua attenzione devi essere peculiare, originale.
- SEGRETO n. 16: Il contesto deve essere in qualche modo "affine" al prodotto da promuovere.
- SEGRETO n. 17: Se vuoi che il tuo pubblico ami il tuo prodotto o il tuo brand, faglielo vivere.
- SEGRETO n. 18: Difficilmente ciò che è di natura complesso riesce a stimolare curiosità o stupore.

CAPITOLO 6:
Comunicare subliminalmente: il product placement

Quante volte, specialmente in passato, guardando un film abbiamo assistito a una scena in cui un attore viene ripreso mentre apre il suo pacchetto di Marlboro messo in bella vista e si accende una sigaretta? Magari qualcuno avrà realizzato consciamente che quel pacchetto era stato messo lì per inviare un messaggio pubblicitario. Ma altri spettatori, presi dal film, può darsi che non abbiano colto quell'intento, il che vuol dire che per loro quel messaggio è stato subliminale. Questo termine viene dal latino *sub liminem* e vuol dire "sotto la soglia", intendendo per soglia quella cosciente.

Un aiuto a comprendere questo concetto ci viene dalla PNL (Programmazione Neuro-Linguistica, una disciplina di provenienza americana che studia il comportamento), con quello che viene chiamato il modello del 7 ± 2.

In ogni istante migliaia di informazioni vengono captate dai nostri sensi ma la nostra mente conscia è in grado di percepirne relativamente poche. In gergo tecnico si dice che una persona normale riesce a gestire contemporaneamente da 5 a 9 *chunks* (pezzi) di informazione (ecco perché 7 ± 2). Dipende dal livello di profondità di analisi: più informazioni gestisco e meno posso scendere in profondità.

La cosa importante è che tutti gli input che in un certo istante eccedono questo limite, bypassano la nostra mente conscia e quindi la nostra capacità di censura. Si dice in questo caso che tali informazioni arrivano alla mente inconscia in modo subliminale. La figura di seguito schematizza quanto detto.

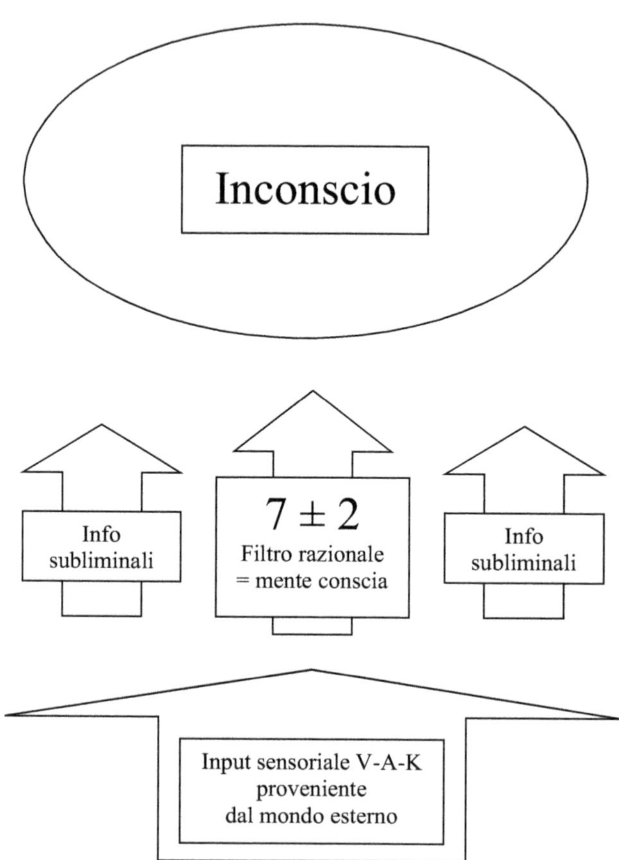

Modello del 7 ± 2

È scientificamente provato che…

SEGRETO n. 19: un messaggio subliminale, proprio perché capace di scavalcare la censura conscia, ha un potente impatto sulla nostra mente. Per cui se questo veicola un contenuto persuasivo riesce ad arrivare a segno in maniera più efficace.

Un altro aspetto importante quando si vuole valutare l'efficacia di una promozione è l'impatto che questa ha sulla mente del consumatore. Quanto più profondamente il brand o il prodotto è radicato in essa, tanto più velocemente il cliente reagirà positivamente, acquistando il prodotto di cui ha subìto la pubblicità, quando si troverà a dover scegliere tra vari prodotti.

Pensiamoci un attimo. Quando dobbiamo comprare un dentifricio e ci troviamo di fronte allo scaffale su cui ne sono esposte trenta marche diverse, dove va il nostro sguardo? Li studiamo forse tutti uno per uno? La verità è che il nostro occhio va probabilmente sulle marche a noi più note e magari alla fine scegliamo tra due o tre prodotti tra i quali forse c'è quello in offerta e un paio delle marche da noi più conosciute. Forse tra queste c'è quella di cui ci è piaciuto maggiormente l'ultimo spot mandato in onda. Diventa allora importante per lo studioso di marketing capire i meccanismi secondo i quali la nostra memoria si impressiona.

SEGRETO n. 20: due sono le variabili da tenere in considerazione se vogliamo comprendere questo fenomeno: la ripetizione e l'emozione.

- **La ripetizione**. Da piccoli abbiamo imparato che per imparare una poesia o una tabellina occorreva ripeterla più e più volte fino a che l'informazione non era stata memorizzata. Questo lo sanno bene i marketer tradizionali che hanno fatto della ripetizione il fondamento di tante campagne di successo.
- **L'emozione**. La vita ci ha però insegnato che ci sono delle cose che impariamo all'istante (cosiddette *one shot trial*: esperimento in un sol colpo). Se ad esempio ci chiudiamo un dito in una porta, in quel momento impariamo una volta per tutte qual è il modo giusto per chiudere la porta. Forti emozioni, come ad esempio gli shock, sono capaci di rimanere impresse nella mente dell'uomo per tutta la sua vita.

La prima cosa che si impara nei corsi di memoria è proprio questa. Se si vuole memorizzare rapidamente bisogna imparare a coinvolgere le emozioni nel processo di apprendimento.

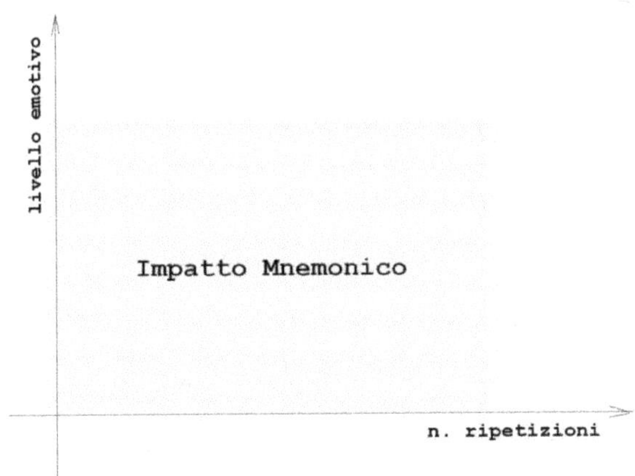

Questo principio è alla base di forme di marketing non convenzionale come il guerrilla. Il motto è stupire per imprimersi una volta per sempre nella mente dell'avventore. Una sola ripetizione di un evento di guerrilla può avere molto più impatto mnemonico di centinaia di passaggi televisivi sulle reti nazionali.

Tuttavia non è sufficiente mettere in memoria un'informazione se al momento giusto questa non è disponibile all'uso. Non è quindi sufficiente ad esempio che il brand o il prodotto sia stato notato, che se ne siano comprese e memorizzate le caratteristiche e le qualità. Se si vuole che il cliente, quando ne ha bisogno, acquisti quel prodotto e non altri, occorre che al momento dell'acquisto quel brand compaia nella sua mente prima di altri.

Per comprendere meglio l'argomento ci viene ancora una volta in aiuto la PNL con un altro concetto importante strettamente connesso con la memorizzazione: l'**ancoraggio**.

Quante volte sembra venirci improvvisamente alla mente una cosa cui non pensavamo da tempo? Come mai un ricordo è riaffiorato in modo così improvviso? Se riavvolgiamo un po' il nastro dei nostri pensieri e delle nostre percezioni sensoriali vissute pochi istanti prima del riaffiorare del nostro ricordo ci accorgiamo che qualcosa, magari un oggetto, una persona o un profumo, ha fatto riaprire un cassetto nella nostra memoria chiuso da tempo. È l'**ancoraggio**, una sorta di chiave che magicamente apre quel cassetto. Basta ad esempio rivedere l'immagine di uno dei poster presenti nella stanza in cui abbiamo vissuto la nostra adolescenza che ci riaffiorano dalla mente ricordi, emozioni, canzoni, volti di amici di allora.

SEGRETO n. 21: se vogliamo che la nostra iniziativa di marketing sia veramente efficace, ancora più importante dell'informazione diventa l'ancora, il link mnemonico che mi permette di ritrovare quella informazione al momento giusto, quando cioè devo comprare.

È chiaro che se sono davanti allo scaffale dei dentifrici, la vista del logo può essere già sufficiente a far scattare la mia preferenza. Ma se ho fame e devo scegliere un ristorante e non vedo intorno a me loghi o messaggi che mi possano influenzare, cosa piloterà la ricerca di informazioni nella mia mente? A questo punto qualsiasi elemento intorno a me può richiamare un'ancora. Se ad esempio sono insieme a un amico che va matto per il sushi, quella potrebbe essere la prima cosa che mi viene in mente. Magari sto con mia sorella che mi sta parlando di mia madre e questo mi fa venire in mente i bastoncini Findus che mangiavo da bambino.

Per questo motivo, quando un'azienda prepara una campagna promozionale per il suo prodotto, deve essere efficace nel contestualizzare la promozione rispetto al target. Se ad esempio questa azienda produce jeans, nella pubblicità cercherà di associare quel prodotto al luogo in cui il cliente target lo indosserà preferibilmente. Il suo target frequenta le discoteche? Allora mostrerà quel jeans indosso a un ragazzo che balla. Il suo target frequenta il "muretto"? Allora mostrerà quel jeans indosso a ragazzi nei pressi del muretto. Nel momento in cui il ragazzo sentirà il desiderio di comprare un paio di jeans, la prima idea che assocerà sarà: «Così i miei amici del muretto li potranno ammirare». L'ancoraggio del muretto farà scattare l'associazione con una determinata marca di jeans, quella che sarà stata abile a costruire quel particolare ancoraggio.

La pubblicità tradizionale, pur cercando di confezionare messaggi che in un certo qual modo creino emozioni nell'utente, punta tuttavia molto sulla ripetizione. Forse è consapevole del fatto che, essendo comunque tale pubblicità veicolata attraverso interruzioni pubblicitarie, gli utenti tendono a fuggire da queste tramite lo zapping o distraendosi nel fare altre attività: andare in bagno, mangiare, svolgere faccende varie.

È comprensibile il fatto che se cambio canale, in quel momento vanifico lo sforzo di chi ha interrotto il programma per farmi assistere alla pubblicità. Se invece io distolgo la mia attenzione per dedicarmi ad altro, per quanto detto prima riguardo alla comunicazione subliminale, lascio il mio inconscio esposto all'assorbimento del messaggio, libero da ogni possibile censura. Anche se quindi la mia vista è rivolta altrove o magari nel frattempo mi sono spostato in un altro ambiente, l'ascolto inconsapevole favorisce la ripetizione passiva e quindi la memorizzazione inconscia.

Questa osservazione è importante, in quanto capita a volte di leggere le considerazioni di alcuni detrattori del marketing tradizionale riguardo agli alti costi dei messaggi veicolati dai grandi broadcast televisivi rispetto alla loro bassa resa dal punto di vista dell'efficacia promozionale.

La critica principale muove dal fatto che i costi degli spot vengono calcolati sulla base dello share, cioè sulla base delle persone che in quel momento si stima che siano davanti alla TV a seguire quella particolare trasmissione che lo spot interrompe. È chiaro che in tale calcolo non vengono presi in considerazione coloro che durante l'interruzione pubblicitaria fanno zapping o che si distraggono in altre azioni. Quando compri share devi considerare che stai comprando delle presenze davanti alla TV ma non stai comprando l'attenzione di quelle persone. C'è chi ipotizza che solo l'1% di queste sono attente allo spot, altri addirittura parlano di uno su diecimila, cioè dello 0,01%.

Ancora oggi però, in cui la scienza del marketing ha ben compreso questi aspetti, le più grandi aziende statunitensi continuano a comprare un singolo spot nelle trasmissioni a più alto ascolto, come il *Superbowl* o la *Notte degli Oscar*, a 700.000 dollari (in Italia non superiamo i 30.000 euro). Ciò è in parte dovuto al fatto che le agenzie pubblicitarie per prime hanno poco interesse a far risparmiare le imprese sui costi di acquisto della pubblicità, dato che spesso guadagnano in percentuale sull'investimento pubblicitario globale.

C'è poi da dire che molte di queste non sono riuscite a sganciarsi dal marketing tradizionale per abbracciare le nuove tendenze non convenzionali. C'è infine da aggiungere che a causa dell'effetto gregge la gente ama fare quello che fanno gli altri, secondo quello che Robert Cialdini chiama il principio della riprova sociale. Una forte pressione pubblicitaria proveniente dai grandi network trasmette un segnale di forza alla massa dei consumatori a cui comunica che tanti altri clienti confermano di preferirla.

Il marketing che usa la promozione a intento subliminale, attuata attraverso l'esposizione di un certo prodotto in un contesto che non nasce per fare promozione a quel prodotto, come un film o uno spettacolo televisivo, viene chiamato originariamente *product placement*.

Anche questo può essere considerato una forma non convenzionale, in quanto esce fuori dai canoni tradizionali del marketing. È probabile che i primi tentativi di utilizzo di queste tecniche non avevano probabilmente la velleità di fare in un certo senso "scuola" di marketing.

Oggi invece sono diventate così usuali che la normativa ha imposto ad esempio alle trasmissioni televisive di apporre sullo schermo diciture del tipo: «In questo programma sono esposti prodotti a scopo pubblicitario». Allo stesso modo se una pagina di giornale che parla di un argomento è pagata da un inserzionista allo scopo di pubblicizzare un prodotto (ad esempio una pagina che parla degli acari della polvere e del modo in cui si possono debellare con un bell'aspirapolvere della marca X), sulla pagina va indicata la dicitura "Pubblicità". Questo allo scopo di far comprendere chiaramente al lettore che quella pagina non è un articolo redazionale come gli altri pubblicati nel giornale ma è stata scritta appositamente e pagata da uno sponsor allo scopo di pubblicizzare un prodotto.

Mentre per molti prodotti il product placement ha rappresentato un modo per arrivare alla vista del cliente senza disturbarlo con l'azione dell'interruzione pubblicitaria, per le sigarette, dal momento in cui è stato vietato farne pubblicità, è rimasto uno dei pochi modi di promozione indiretta.

Negli anni sono stati fatti altri tentativi in questo senso, ad esempio la creazione di linee di abbigliamento (Marlboro), la realizzazione di competizioni motoristiche (Camel Trophy), gli eventi nei locali in cui si regalavano sigarette agli avventori.

Oggi la tendenza è di far sparire il fumo dal cinema e dalla TV, visto il forte impatto emulativo che può avere sui giovani. È finito il tempo degli Humphrey Bogart, Robert Mitchum o James Dean, che facevano della sigaretta un elemento insostituibile del loro fascino. Tanto per capire quale sia la tendenza attuale della televisione, l'ex ministro della salute Girolamo Sirchia durante il suo ministero ha invitato i vertici di Rai, Mediaset e La7 a evitare che "film e spettacoli messi in onda promuovano il fumo di sigaretta, soprattutto nei giovanissimi, proponendo modelli sociali falsi e inaccettabili".

Dal punto di vista delle 4P il product placement agisce ponendo il prodotto al centro del punto di interesse, che sia esso la scena di un film, un notiziario, una canzone, un libro o un articolo di giornale. Come già detto, la sua efficacia sta nel fatto che il messaggio relativo alla presenza del prodotto o del brand viene veicolato insieme a un altro messaggio gradito dall'utente (il film, il libro, la canzone). La fusione dei due messaggi è tale che non c'è azione di disturbo come invece avviene quando il messaggio pubblicitario interrompe un messaggio preesistente (interruzione del film).

RIEPILOGO DEL CAPITOLO 6:

- SEGRETO n. 19: Un messaggio subliminale, proprio perché capace di scavalcare la censura conscia, ha un potente impatto sulla nostra mente. Per cui se questo veicola un contenuto persuasivo riesce ad arrivare a segno in maniera più efficace.
- SEGRETO n. 20: Due sono le variabili da tenere in considerazione se vogliamo comprendere questo fenomeno: la ripetizione e l'emozione.
- SEGRETO n. 21: Se vogliamo che la nostra iniziativa di marketing sia veramente efficace, ancora più importante dell'informazione diventa l'ancora, il link mnemonico che mi permette di ritrovare quella informazione al momento giusto, quando cioè devo comprare.

CAPITOLO 7:
Altre forme di marketing non convenzionale

L'obiettivo di questo capitolo è dare un'occhiata ad alcune delle forme più conosciute di marketing non convenzionale, allo scopo di studiarne le caratteristiche salienti.

Il marketing invisibile: lo stealth marketing

Sempre sul fronte dell'uso della comunicazione subliminale abbiamo lo *stealth marketing*, anche detto *undercover marketing*. La parola *stealth* è probabilmente assurta alla nostra cronaca grazie alla fama del bombardiere invisibile (ai radar) B2 Stealth in dotazione alla U.S. Air Force. Stealth in inglese vuol dire "azione furtiva".

Per Roy e Chattopadhyay «Lo stealth marketing è un atto deliberato di ingresso, di operatività e di presenza in un mercato in maniera furtiva, segreta e impercettibile». Esso basa la sua essenza su azioni che vogliono essere invisibili in primo luogo alla concorrenza, poi ai consumatori cui è diretta una comunicazione essenzialmente subliminale.

L'intento di celare i nuovi sviluppi alla concorrenza (Stealth NPD – new product development) è utilizzato dalla Apple che ogni anno tiene segreti i prodotti che lancerà a gennaio sul mercato creando in questo modo grande curiosità nei propri consumatori. L'intento è relegare i concorrenti al ruolo di follower in un settore, quello dell'hi-tech, in cui la rincorsa tecnologica non è più un fatto di anni, ma di pochi mesi. Lo abbiamo visto con gli smart-phone, come l'uscita dell'iPhone sia stata immediatamente seguita da altri vari importanti prodotti concorrenti tra cui il Galaxy della Samsung che lo ha praticamente detroneggiato.

La Microsoft si muove invece secondo una strategia del tutto opposta, annunciando con largo anticipo il lancio dei suoi prodotti, nell'intento così di alimentare l'ansia da attesa circa l'arrivo di ogni prodotto e in modo che il consumatore cominci prima a ponderarne l'acquisto.

Lo stealth marketing non è del tutto nuovo e almeno in linea di principio si potrebbe considerare un'evoluzione ancora meno convenzionale del product placement.

Per chiarire meglio questa affermazione prendiamo ad esempio il lancio del modello Pearl del cellulare BlackBarry. Questa compagnia ha assoldato delle avvenenti attrici che, recitando la parte di turiste in visita a New York chiedevano ai passanti di essere fotografate con il loro cellulare. A quel punto, dopo aver porto il nuovo telefonino nelle mani del passante di turno si mettevano in posa per lasciarsi ritrarre. L'improvvisato fotografo si ritrovava quindi per alcuni secondi ad armeggiare con il nuovo prodotto, inconsapevole di essere "vittima" di un messaggio pubblicitario subliminale. Come nel product placement, il prodotto era stato inserito nella scena ma questa volta non si trattava di una scena di un film ma di un pezzo di vita reale in cui l'attore principale inconsapevole era proprio l'utente.

Un esempio di strategia stealth volta a tenere all'oscuro la concorrenza degli intenti commerciali di una compagnia può essere quella del lancio della bibita Burn prodotta dal gruppo

Coca-Cola Company. Questa compagnia non poteva certo rimanere inerte di fronte all'evoluzione del mercato delle cosiddette "energy drink". Dopo vari tentativi tra cui Powerade, Play, Coca-Cola Blāk e Lift Plus, la Burn ha esordito con l'intento di sfidare la più famosa Red Bull, prodotta in Austria e attualmente leader del settore.

Fonte: http://www.thelearningcommunity.us

Il lancio è stata un eccellente evento di stealth marketing, con aspetti che potrebbero essere di guerrilla. Approfittando dei festeggiamenti del capodanno 2002, l'azienda ha organizzato una serata che ha denominato appunto "Burn". Gli invitati si sono quindi riuniti per festeggiare il Capodanno inconsapevoli che lo scopo della festa era il lancio della nuova bibita tenuta segreta fino a quel momento e poi offerta a tutti i presenti che hanno avuto l'onore di assaggiarla per primi.

Quando una compagnia affermata lancia un nuovo prodotto in un segmento limitrofo o diverso dall'attuale si pone un dilemma. È meglio fare sub-branding, cioè usare un nuovo brand che possa subliminalmente essere ricondotto al brand di origine (*stealth sponsoring*) e in modo da sfruttare la notorietà del primo (Nestlè → Nescafè → Nespresso)? Oppure usare un brand del tutto slegato dal primo in modo che un eventuale flop del nuovo prodotto non danneggi l'immagine del precedente?

La strategia di sub-branding è stata usata dalla Illy che piuttosto che creare una energy drink a base di caffeina ha puntato sul fatto di essere leader del caffè di qualità e ha scelto di realizzare una vera e propria coffee drink. Quindi sulle lattine troviamo in bella mostra un piccolo logo Illy a ricordarne la provenienza.

Fonte: http://www.illy.com

La seconda strategia invece è stata usata nel lancio del prodotto "energy drink" della Pepsi con il suo "Fuelosophy", che si pone l'intento di colpire quel target di consumatori più sensibili alla genuinità. Il suo packaging infatti si avvicina più a quello di un succo di frutta o a uno yoghurt da bere, piuttosto che a quello di solito più aggressivo di una bibita energetica. Nella relativa comunicazione pubblicitaria, effettuata "in punta di piedi", non viene mai menzionato il collegamento con la casa madre.

Fonte: http://www.upakovano.ru

Una forma particolarmente subdola di stealth marketing consiste nell'uso dei cosiddetti **flog** (*false blog*). Sono dei blog in cui l'utente crede di incontrare altri consumatori da cui è possibile ricevere giudizi e consigli non interessati su determinati prodotti, senza sapere che tale blog è sponsorizzato dalla casa che li produce. Di solito quando il pubblico si accorge della beffa si genera nel web un forte contraccolpo negativo per l'azienda, tant'è che questi subdoli tentativi di manipolazione vengono messi in atto sempre più di rado.

Un'altra forma da alcuni contestata come lesiva della privacy è il cosiddetto *behavioral targeting*. Non so se negli ultimi tempi avete fatto caso che nei banner dinamici che trovate nella navigazione di vari siti vi compaiono pubblicità stranamente "vicine" a informazioni che vi è capitato di cercare su Internet. Avete ad esempio cercato su un motore di ricerca un viaggio in crociera e vi cominciano a comparire tutte le pubblicità di crociere possibili e immaginabili. Oppure avete cercato un libro sul giardinaggio e vi cominciano a comparire tutta una serie di pubblicità riguardanti quell'argomento.

Sono i cookies a permettere ciò: dei software speciali che vengono disseminati nel nostro computer mentre navighiamo e che tengono traccia delle nostre abitudini. In questo modo, quando apriamo un sito in cui è situato un banner pubblicitario dinamico, questo sito va a cercare nel nostro computer le informazioni registrate dai cookies riguardo alle ultime informazioni che ci hanno interessato e, invece di pubblicare un banner pubblicitario qualsiasi, ci mostra una pubblicità contestuale a quelli che sono stati i nostri ultimi desiderata.

Permeare l'ambiente: l'ambient marketing

Ai confini con il guerrilla si colloca l'*ambient marketing*, che con questo condivide l'intento di contaminare l'ambiente, portando a contatto con il vissuto reale del consumatore le proposte di brand o di prodotto che si intende promuovere.

L'intento è costruire legami intensi basati da un lato sulle emozioni, allo scopo di imprimere efficacemente una profonda associazione mnemonica positiva con il brand, dall'altro sulla condivisione dei valori, affinché tale associazione perduri oltre il mutare delle condizioni contingenti della vita e si venga a creare un rapporto intimo con il consumatore.

Intervenendo nell'ambiente in cui il consumatore vive e interagendo con questi, il brand ne stimola la curiosità verso il prodotto, ne favorisce l'apprendimento delle qualità e la sperimentazione sensoriale in un contesto di condivisione con altri consumatori in cui può contemporaneamente essere persuaso grazie al principio di riprova sociale (effetto gregge).

L'ambient marketing trova le sue origini in quelle forme di outdoor advertising quali le affissioni pubblicitarie e il volantinaggio, e che oggi si sono evolute in forme più moderne:

- le realizzazioni grafiche dei writers che occupano superfici di ogni tipo, dalle pareti dei palazzi ai vagoni delle metropolitane;
- brand car, brand bus o brand truck in cui auto, bus e autocarri, addirittura le navi, vengono totalmente rivestiti da immagini adesive pubblicitarie;
- pannelli digitali di varie forme e dimensioni inseriti nei contesti ambientali più disparati grazie ai quali le immagini prendono forma e acquisiscono movimento.

Fonte: http://www.ibelieveinadv.com

Fonte: http://it.wikipedia.org/wiki/Guerriglia_marketing

Un'evoluzione ulteriore l'abbiamo con il passaggio al 3D in cui la promozione avviene tramite:

- gadget di ogni tipo e forma sponsorizzati;
- installazioni cittadine raffiguranti situazioni suggestive.

Fonte: ibaul.com/publicidad-creativa

La forma più evoluta è poi l'ambient marketing 4D in cui la quarta dimensione è l'interazione:

- *event product*: si tratta di eventi spettacolari in cui l'interattività viene realizzata tramite pannelli touchscreen o installazioni tecnologiche in cui l'utente può interagire con l'evento proiettato o ambientato;
- *people animated scenes*: scene realizzate in vetrine o all'interno di negozi in cui delle persone simulano situazioni di vita reale;
- *flash mob* (dall'inglese *flash*: lampo, inteso come cosa rapida, improvvisa, e *mob*: folla): è un termine coniato nel 2003 per

indicare una riunione, che si dissolve nel giro di poco tempo, di un gruppo di persone in uno spazio pubblico, con la finalità comune di mettere in pratica un'azione insolita.

Il marketing a scrocco: l'ambush marketing

Ambush vuol dire letteralmente "imboscata, agguato". È un termine che viene utilizzato per etichettare delle azioni di marketing poco etiche e a volte illegali, consistenti nell'appropriarsi di spazi e contesti destinati ad altro scopo, per promuovere il proprio brand o prodotto.

Un esempio primordiale di ambush marketing può essere rappresentato dalla bancarella che, senza autorizzazione, si appropria momentaneamente di uno spazio limitrofo allo stadio per vendere bandiere e gadget prima della partita.

Amplificando la portata dell'esempio possiamo pensare a eventi più importanti come le Olimpiadi e i campionati mondiali di calcio. In tal caso abbiamo da un lato gli sponsor ufficiali, i cosiddetti *right holders* (gli aventi diritto) che dispongono di spazi pubblicitari di ogni tipo sia nelle trasmissioni broadcasting che negli spazi fisici intorno agli stadi. Dall'altro abbiamo gli *ambusher*, aziende che pur non avendo alcun diritto si imbucano all'evento appropriandosi di spazi fisici in cui mettono in atto iniziative pubblicitarie di vario tipo.

Vari sono stati i tentativi di contrastare il fenomeno, anche al fine di salvaguardare gli interessi di chi grazie al proprio sostegno economico permette la realizzazione stessa di quegli eventi. Si è ricorsi a campagne cosiddette di "name and shame" aventi lo scopo di screditare gli ambusher agli occhi dell'opinione pubblica. In altri casi si sono avute azioni legali avviate dai right holders a difesa dei propri interessi ma che hanno avuto scarsi esiti.

Se in questi ultimi anni si è riusciti a ridurre l'ambushing è grazie a interventi legislativi ad hoc e un'organizzazione più accorta delle città ospitanti che con più attenzione si sono prodigate nella difesa degli spazi interessati dagli eventi. Si possono tuttavia considerare in un certo qual modo come ambushing tutte quelle forme di marketing (guerrilla o quant'altro) che tendano ad appropriarsi di spazi di pertinenza altrui per creare eventi che promuovono brand o prodotti che in quel contesto non hanno diritto di stare.

Il marketing sconcertante: il prankvertising

Un filone che sta suscitando molto interesse e molta emulazione è il cosiddetto *prankvertising* (*prank* = burla). Si basa sull'uso di brutti scherzi che hanno l'obiettivo di shockare dei poveri malcapitati, un po' come avviene con le candid camera. A differenza di queste però la finalità non è solo divertire ma anche promuovere un brand o un prodotto.

Sconvolgente è ad esempio il video girato nei bagni di un bar britannico per una campagna (denominata Think!) contro la guida in stato di ebbrezza. Tutto si svolge mentre le persone sono davanti allo specchio per lavarsi le mani. A un certo punto lo specchio si infrange colpito dal retro e al centro di questo spunta una testa insanguinata, a emulare un parabrezza infranto in un incidente stradale. Qualcuno, criticando l'idea come eccessiva, ha aggiunto ironicamente se è lecito far morire di infarto qualcuno per evitare che muoia di incidente stradale.

Un altro caso è quello in cui un uomo viene svegliato alle tre di notte da una telefonata del suo migliore amico. Questi lo informa di essere in un guaio: ha perso quattrocento dollari a poker in una bisca clandestina e ha bisogno che lui glieli porti al più presto altrimenti teme che lo facciano fuori. Seppur insonnolito l'amico prende i soldi, sale in macchina e corre all'indirizzo che l'amico gli ha indicato. Brutta zona, palazzo decrepito; individua una porta, entra, supera un buttafuori veramente massiccio mostrando i soldi. Fin qui tutto bene. Entra nella sala dove ci sono i tavoli da gioco e vede l'amico che gli indica di andare lì. Quando mette i soldi sul tavolo si accendono le luci e viene rivelato il retroscena. L'ultimo prank della birra Carlsberg finisce con tutti che alzano un boccale di birra e brindano alla vera amicizia.

Il marketing profondo: il neuromarketing

Voglio terminare questa breve disamina di forme non convenzionali del marketing con una metodologia che attinge ai più recenti studi delle neuroscienze: il *neuromarketing* a cui ha dato il nome Ale Smidts nel 2002. Questo approccio fonde gli studi tradizionali di marketing e di economia con la neurologia e la psicologia ed è volto a individuare le connessioni tra gli stimoli all'acquisto che il nostro cervello recepisce attraverso i suoi canali sensoriali e i processi decisionali che vengono da questi messi in atto nel caso che l'acquisto venga posto in essere o meno.

Alla base di questi studi c'è l'evoluzione tecnologica che ha permesso la realizzazione di strumenti di indagine dell'attività cerebrale attraverso sistemi di risonanza elettromagnetica funzionale (fMRI) e di elettroencefalografia (EEG). Questi permettono oggi di monitorare visivamente l'attività del cervello durante il suo funzionamento. È possibile vedere le aree coinvolte e il livello di intensità dell'attività cerebrale nel momento in cui ad esso arrivano stimoli relativi a messaggi promozionali. In questo modo è possibile verificarne l'efficacia dal punto di vista dell'impatto cognitivo.

Obiettivo del neuromarketing è tentare di comprendere quali siano i meccanismi che entrano in gioco durante la decisione d'acquisto dei prodotti. Si vuole cioè capire cosa ci spinge ad acquistare.

La nascita di questi studi viene dall'insoddisfazione generata dall'uso dei vecchi metodi di indagine basati su questionari, interviste, focus group, cioè indagini che in genere coinvolgono la sfera consapevole del consumatore che può interferire e falsare il risultato sulla base di pregiudizi, condizionamenti sociali, stereotipi, incapacità di verbalizzazione efficace delle emozioni ecc.

Andando a "leggere" direttamente l'attività cerebrale questo problema viene bypassato, in quanto non sottoponendo domande al soggetto si evita che questi elabori delle reazioni e che le manipoli inconsapevolmente prima di esternarle. Le figure di seguito possono aiutare a migliorare la comprensione del fenomeno.

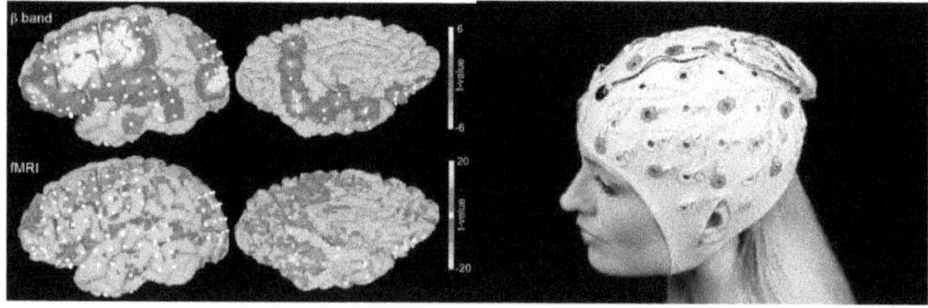

Fonte: http://www.tandonlab.org, http://www.troykamed.com

Le panacee del marketing

Abbiamo visto alcuni esempi di marketing non convenzionale che ho scelto tra i più significativi dal punto di vista evolutivo e della peculiarità. C'è da aggiungere che, una volta rotti gli schemi tradizionali e aperta la strada verso l'innovazione, tante altre sono le proposte che si sono susseguite nel panorama del marketing globale. Molte di queste sono state presentate al grande pubblico come la soluzione allo scollamento tra il marketing tradizionale e il mutato contesto sociale o come la "cura" al progressivo "ammalarsi" del "vecchio" (il marketing tradizionale).

Si può quindi capire, ma non necessariamente condividere, perché gli studiosi del settore abbiano denominato queste proposte con il termine "panacee" (Panacea: figura mitologica greca, personificazione della guarigione universale) e perché i loro propositori vengano spesso apostrofati come aspiranti guru o pseudo-guru. Un atteggiamento che può essere visto come il classico modo di contrapporsi di chi trova più facile sostenere la tradizione che tentare di comprendere il "nuovo" in cui a volte magari si cela il germe del genio. Tanti grandi personaggi della scienza, prima di essere riconosciuti come tali, sono stati osteggiati insieme alle loro proposte: Galilei, Darwin, Einstein... È a mio avviso grazie a questa grande offerta di nuove proposte che lo stimolo a creare nel marketing si alimenta. Se qualcuna di queste magari non porta con sé granché di originale, altre invece possono dare un enorme contributo innovativo. Del resto il genio a volte si nasconde dietro le cose apparentemente sciocche.

Questo detto trova origine nel fatto che è nell'emisfero destro, quello creativo, che traggono contemporaneamente origine lo scherzo, la sciocchezza detta per far ridere, così come l'idea geniale.

SEGRETO n. 22: se vuoi avere accesso al banchetto della vita e cibarti di tutte le emozioni che questa ti può dare, devi riuscire a tenere sempre un piede ben saldo a terra e uno sospeso nel vuoto.

Se invece cerchi la sicurezza e la tranquillità tieni pure entrambi i piedi ben saldi a terra e afferrati con entrambe le mani alla tradizione. Spero per te che sia sufficiente.

Tuttavia questo vale nel marketing come nella vita di tutti i giorni. Infatti non tutte le nuove proposte sostengono il tramonto della tradizione. Da Levinson in poi infatti abbiamo assistito all'apertura di un dibattito che ha messo in contrapposizione da un lato coloro che ritenevano che il modello tradizionale kotleriano fosse tramontato e che quindi le panacee rappresentassero il tentativo di un salto di paradigma nello scenario del marketing. Dal lato opposto molti tradizionalisti resistenti, tuttavia in costante decrescita, tentavano di inquadrare queste nuove formule nell'ambito di deviazioni più o meno temporanee dalla rotta madre delineata dall'approccio tradizionale. Abbiamo già visto, con la riproposizione del modello new-4P, come a volte di fronte al nuovo spesso si sia tentati di riciclare qualcosa di vecchio.

Diversi sono stati i tentativi di sistematizzare le varie panacee, tra chi ha fornito approcci di analisi di tipo top-down e altri che hanno preferito un'analisi bottom-up. Certo è che nel panorama delle centinaia di nuove proposte non è certamente facile orientarsi per chi cerca nuovi modelli e soluzioni da implementare in azienda.

Non è tuttavia mia intenzione tediarti con ulteriori dissertazioni teoriche. Del resto il mio obiettivo in questo corso era fornirti solo quel minimo di elementi teorici che ti potessero dotare della "cassetta degli attrezzi" necessaria per muoverti con dimestichezza in questo ambito. Per il resto ho cercato per quanto possibile di fornirti il maggior numero di esempi pratici.

Per questo ritengo inutile cercare di proseguire con una ricerca esaustiva di tutte quelle che possono essere le proposte di marketing non convenzionale comparse nello scenario post-moderno, in quanto è come fotografare un'auto in corsa. Nel momento che guardi la foto, l'auto è già altrove.

Ti lascio un ultimo segreto prima di concludere quest'ultimo capitolo e consigliarti di approfondire la lettura con i casi di studio che ti ho fornito nell'Appendice.

SEGRETO n. 23: il marketer non convenzionale per eccellenza sei tu. Tu puoi creare il nuovo, se lo vuoi.

RIEPILOGO DEL CAPITOLO 7:

- SEGRETO n. 22: Se vuoi avere accesso al banchetto della vita e cibarti di tutte le emozioni che questa ti può dare devi riuscire a tenere sempre un piede ben saldo a terra e uno sospeso nel vuoto.
- SEGRETO n. 23: Il marketer non convenzionale per eccellenza sei tu. Tu puoi creare il nuovo se lo vuoi.

Appendice: Casi di studio interessanti

Le parole difficilmente possono spiegare meglio di un'immagine o di un filmato. Non potendo inserire filmati voglio almeno commentare quanto spiegato finora con l'inserimento di qualche *case study* illustrato.

Hug me Coke machine

Fonte: http://it.paperblog.com/

Un simpatico evento di guerrilla ambient lo ha creato la Coca-Cola inserendo in un contesto frequentato da ragazzi un distributore di bibite che invece di funzionare a monete funziona ad abbracci.

La **peculiarità** di questa iniziativa sta proprio nel fatto che basta infatti abbracciare la macchina, che questa lascia subito uscire una lattina di Coca-Cola. Guardando il filmato messo su YouTube salta subito agli occhi l'effetto di stupore generato nei ragazzi che, dapprima incuriositi, poi coinvolti da questo fenomeno, hanno iniziato ad abbracciare il distributore non limitandosi a uno sterile abbraccio finalizzato all'ottenimento di una lattina gratuita.

È bello notare come i ragazzi si abbandonino a tenerissimi abbracci come se il distributore fosse "qualcuno" bisognoso di coccole. In questo modo la Coca-Cola Company è riuscita a centrare il punto d'interesse del suo target che sembrerebbe coincidere con il bisogno di scambio di affettività tra giovani molto spesso timidi e incapaci di esprimere il loro lato emotivo.

Ancora una volta questa azienda è riuscita a creare un'associazione tra il suo prodotto e un valore importante come l'affettività. Nel momento in cui a fronte di un abbraccio la macchina eroga una bibita, a questo gesto affettivo si associa un vero e proprio valore economico. Questo è il modo più diretto per asserire che quell'abbraccio ha un valore reale che il distributore, che qui impersona il brand, apprezza e premia.

Verso il termine del video si vedono tanti ragazzi che, disposti come spettatori intorno al distributore, riprendono i loro compagni nell'intento dell'abbraccio, per poi inviare video e foto ad amici. L'intento qui è suggerire allo spettatore del video di fare lo stesso, allo scopo di scatenare il **passaparola**.

Geniale è stata a mio avviso la scelta di porre un distributore di bibite di quelli classici della Coca-Cola, rosso con l'ondina bianca, in cui al posto della scritta "Coca-Cola" compare la scritta "Hug me" (abbracciami). Nessun altro elemento che possa spiegare la funzione del distributore che diventa il centro di tutta la scena. Si vedono dapprima dei ragazzi passare incuriositi davanti al distributore, poi finalmente una ragazza prova a eseguire l'istruzione scritta, dona il suo abbraccio e ottiene in premio una lattina che mostra agli altri. Da lì inizia il viavai dei ragazzi che vogliono sperimentare la cosa. In questo modo si realizza la **praticità** dell'evento e si crea attraverso il contatto, con l'abbraccio e cioè con il primo gesto affettivo che conosciamo quando veniamo al mondo.

T-Mobile Dance

Fonte: ilquotidianoinclasse.quotidiano.net

Una delle più belle forme di espressione di guerrilla marketing sono i flash mob, perché basati in maniera preponderante sulla partecipazione di molte persone che mischiandosi tra la folla mettono in atto un'esibizione. Il passante si trova a essere uno spettatore immerso totalmente in una scena composta da persone che fino a qualche momento prima sembravano essere passanti come lui. Alla fine dell'evento gli "attori" si mischieranno di nuovo tra la folla e si dissolveranno. Dalle espressioni facciali dei passanti spesso si legge lo stupore di chi pare stia vivendo un'esperienza assimilabile a un sogno che si concretizza nella realtà.

Un flash mob così ben riuscito da essere stato preso a riferimento da molti studiosi di marketing è quello poi definito come la T-Mobile dance. La geniale idea proposta dall'agenzia Saatchi & Saatchi, una delle maggiori agenzie pubblicitarie di Londra fondata nel 1970, ha avuto come obiettivo la realizzazione di un evento con lo scopo di promuovere l'ultimo slogan della T-Mobile: "Life's for share" (la vita è qualcosa da condividere).

Il **punto d'interesse** di questa campagna è stato colto ambientando, in un contesto di vita quotidiano quale può essere una stazione ferroviaria di Londra, una situazione così eccezionale da creare la necessità nelle persone che vi assistevano di condividerla con amici, in quel momento non presenti, attraverso l'uso del proprio cellulare. Ciò è stato realizzato tramite un flash mob costituito in particolare da una danza, che ha coinvolto un centinaio di ballerini e si è svolta il 15 gennaio 2009 presso la Liverpool Street Station di Londra.

Anche in questo caso si può vedere dal video su YouTube, che ha fatto in poco tempo il giro del mondo, come subito dopo l'attimo di sgomento i presenti nella stazione abbiano impugnato i loro telefonini con l'intento di condividere l'esperienza. Qualcuno lo ha fatto parlandone al telefono, altri riprendendo la scena nell'intento probabile di postarla sul proprio social network preferito. Da notare quindi che quando l'evento emoziona e coinvolge, il **passaparola** si genera naturalmente.

La **peculiarità** della campagna sta nell'intervenire, come di solito fa un flash mob, nel vissuto quotidiano delle persone inscenando una situazione inusuale per quel contesto, in modo da sorprendere gradevolmente i presenti. In questo caso la danza, basata su una bellissima coreografia preparata in precedenza, comincia coinvolgendo gradualmente prima un ballerino, poi man mano gli altri in un crescendo coinvolgente e finisce per contagiare persone che, passate lì per caso, si uniscono alla danza. La **praticità** dell'idea sta nell'essere riusciti a far vivere ai presenti il significato del nuovo slogan: "Life's for share", mettendoli in condizione di condividere qualcosa con le persone più care.

Ronaldinho e le Nike Tiempo Legend

Un esempio di viral marketing che ha fatto storia è certamente quello realizzato dalla Nike in coincidenza con il lancio delle scarpe Tiempo Legend.

Fonte: it.wikipedia.org/wiki/Ronaldinho

In quel periodo Ronaldinho è il calciatore del momento, pallone d'oro, e viene filmato durante un allenamento, attraverso delle riprese all'apparenza amatoriali. Tutto sembra indicare un contesto non preparato per l'occasione. Si avvicina una persona con una valigetta color oro, Ronaldinho la apre e ne estrae un paio di scarpe Nike modello Tiempo Legend. Le indossa e comincia a palleggiare un pallone. A un certo punto, mentre palleggia senza mai lasciar cadere la palla, la calcia verso la porta e colpisce la traversa. La palla rimbalza e torna a lui che la ripalleggia, la calcia e colpisce di nuovo la traversa. Questo si ripete per quattro volte di seguito e l'operatore immortala una sequenza che ha del fenomenale.

La **peculiarità** del filmato non sta tanto nella prodezza in sé ma nel fatto che ha creato il dubbio, in chi lo ha visto, se questo fosse o meno un *fake* (un falso). Io stesso ricordo che in quel periodo lo rividi diverse volte nel tentativo di individuare anomalie nel filmato che ne rivelassero segni di fotomontaggio. La stessa Nike evitò sapientemente di prendere posizioni sulla veridicità del filmato, in quanto gli internauti digeriscono molto male le prese in giro. L'attenzione si concentrò così sul video e sulla domanda:

«È mai possibile che un calciatore, per quanto fenomenale, possa compiere una prodezza simile o la prodezza l'ha compiuta chi ha montato il filmato?» Cambiato il focus sulle intenzioni dell'azienda il video è riuscito a mantenere un connotato di onestà e a non incorrere nel rischio feedback negativi.

Il **punto di interesse** sta nel desiderio di chi segue lo sport di assistere a prodezze fenomenali, nello spasmodico tentativo di individuare il campione da consacrare idolo di tutti i tempi. Lo scopo è poter dire: «Io c'ero», poter dimostrare di far parte del gruppo di coloro che hanno condiviso quell'emozione. La **praticità** è realizzata dall'atto, della durata di un paio di minuti, che Ronaldinho compie nel mettersi le scarpe Tiempo Legend. Ciò crea tra l'altro un magistrale ancoraggio tra la prodezza e la scarpa, che già dal nome evoca qualcosa di epico.

Il video è stato inserito nel sito ufficiale della Nike normalmente visitato dai fan del brand. Questi in veste di opinion leader hanno poi contagiato la rete dando vita a un **passaparola** che ha generato più di venti milioni di visioni. A parte i costi dell'ingaggio di Ronaldinho, la Nike è riuscita ad avere un ritorno pubblicitario immenso senza ulteriori costi. A questo va poi aggiunto l'ulteriore pubblicità generata dalle trasmissioni sportive che, colpite anch'esse dall'eccezionalità del filmato, lo hanno ritrasmesso.

Il viral più virale

Questo videoclip è stato ritenuto troppo sexy per la TV e censurato. La star, abbigliata solamente con della lingerie di marca Agent Provocateur (azienda britannica), è ripresa mentre cavalca un toro meccanico.

Fonte: http://www.dailymotion.com

Questo video, ritenuto il più virale mai realizzato, ha collezionato 350 milioni di visioni. La sua **peculiarità** non è alla fine il massimo dell'originalità, visto che si basa sull'uso dell'erotismo in pubblicità. È il fatto che sia stato bandito dalla TV che ha scatenato la curiosità degli internauti. Uno dei sistemi più efficaci per risvegliare la curiosità nelle persone è proprio quello di vietare qualcosa. Fa risvegliare il bambino che è in noi e che istantaneamente si mette alla ricerca del modo per bypassare il divieto. Il **passaparola** in questo caso ha poi fatto il resto in modo eccezionale.

Il **punto di interesse** viene colto in maniera notevole sia dal pubblico maschile, che trova sicuramente grande soddisfazione nella visione di questo videoclip, sia in quello femminile che, vedendo indossato un bellissimo completino di lingerie da una grande star come Kylie Minogue, riesce a vedere la **praticità** dell'oggetto pubblicizzato nella migliore delle situazioni.

Il viral più costoso: *No. 5 The Film*

Baz Luhrmann, grande regista australiano diventato famoso con il film *Moulin Rouge* (2001), e Nicole Kidman, affascinante attrice australiana, si sono di nuovo riuniti negli studi della Fox di Sidney nel 2005 per creare questo sensualissimo cortometraggio che risulta essere il più costoso di tutti i tempi. Infatti Chanel per pubblicizzare il suo profumo N° 5 ha investito in questo corto di tre minuti (ce n'è anche una versione da trenta secondi) quarantadue milioni di euro, dodici dei quali andati a Nicole Kidman che fino ad allora non aveva mai partecipato a uno spot. Visti i risultati, Chanel afferma che i quarantadue milioni sono stati ben spesi.

Fonte: http://it.wikipedia.org/wiki/Chanel_N%C2%BA_5

Luhrmann mette in scena una New York a immagine di Chanel che con il suo logo compare ovunque. Una città reinterpretata nello stile cupo ma ricco di elementi scintillanti della Parigi di *Moulin Rouge*, contaminato dal sogno, vero **punto di interesse** del film, in un'atmosfera in cui tutto sembra possibile. Le inquadrature dall'alto della città, nella seconda parte del filmato, da cui si vede quello che sembra essere in definitiva il vero mondo, mostrano il marchio Chanel che svetta su un grattacielo al di sopra di ogni cosa.

Per tutto il film si vede solo il brand: il prodotto, cioè la bottiglia del profumo N° 5, non compare mai. Solo sul finire l'occhio del regista cade su un gioiello con la scritta "N° 5" tempestato da 687 diamanti (veri), indossato dalla Kidman. Con questa scena finale Chanel vuole indicare allo spettatore qual è il suo gioiello più prezioso.

La **peculiarità** dello spot sta nel fatto che il video si presenta come cortometraggio, anche se il suo contenuto è a tutti gli effetti pubblicitario (il marchio Chanel compare ovunque), un po' come accadeva nel nostro vecchio Carosello. Per quanto duri solo tre minuti, la sua visione dà immediatamente allo spettatore una sensazione di magnificenza. Si vede che Chanel nella sua realizzazione non ha badato a spese. In questo modo l'azienda è riuscita ad ancorare al suo prodotto di punta, il N° 5, tutto il fascino dell'attrice risvegliando nelle spettatrici la voglia di immedesimarsi e negli uomini il desiderio di lasciarsi rapire da quella visione. Ancora una volta la seduzione, come l'erotismo nell'esempio precedente, la fa da padrona nel mondo dell'advertising.

Dopo quanto detto non è difficile credere che un tale spiegamento di forze, di artisti e di creativi possa aver generato un effetto virale, e quindi un **passaparola**, degno dell'impegno profuso. Il leitmotiv prettamente onirico di questo video lascia poco spazio alla **praticità** del prodotto, che come detto non compare mai se non alla fine con il suo nome impresso su un gioiello.

Oltre ai due filmati nella versione da tre minuti e da trenta secondi, Chanel ha messo online anche un video di trenta minuti in cui mostra la realizzazione del film raccontata nel backstage dai protagonisti e dallo staff di produzione.

Conclusione

In un ambito creativo come quello descritto in questo corso, non potevo fare di più per te. Il mio intento era guidarti nell'apprendimento delle conoscenze di base per permetterti di muovere i primi passi in questo mondo.

Mi sono divertito a creare delle metafore a volte inusuali per renderti quanto più vario possibile l'apprendimento di alcuni principi alla base del marketing non convenzionale.

Ho cercato altresì di fornirti molti esempi pratici e case study interessanti, in modo che tu potessi vedere l'applicazione pratica delle nozioni di cui ti ho parlato.

Ma il marketing non convenzionale va vissuto e studiato nelle sue applicazioni reali. In rete ne puoi trovare tante. Poi esso diventa creazione e il creatore sei tu. Puoi cercare di rimodellare esperienze altrui, così come puoi inventarne di nuove. Chissà, magari vedremo qualcuna delle tue idee su YouTube con centinaia di migliaia di visualizzazioni. Te lo auguro. Basta che ti lanci. Tienimi aggiornato: valter.romani@libero.it.

Ad maiora,

Valter Romani

www.ingramcontent.com/pod-product-compliance
Ingram Content Group UK Ltd.
Pitfield, Milton Keynes, MK11 3LW, UK
UKHW021934200726
13853UKWH00011B/2024

9 788861 746473